WASTED WORLD
Text ⓒ Nick Arnold, 2009
Illustrations ⓒ Tony De Saulles, 2009
All rights reserved
Korean translation copyright ⓒ 2010 by Gimm-Young Publishers, Inc.
Korean translation rights arranged with Scholastic Ltd through EYA
(Eric Yang Agency)

이 책의 한국어판 저작권은 에릭양 에이전시를 통해 Scholastic Ltd와 독점 계약한
(주)김영사에 있습니다. 저작권법에 의하여 한국 내에서 보호를 받는 저작물이므로
무단 전재와 복제를 금합니다.

앗, 이렇게 재미있는 과학이!

뜨끈뜨끈 지구 온난화

닉 아놀드 글 | 토니 드 솔스 그림 | 이충호 옮김

주니어김영사

뜨끈뜨끈 지구 온난화

1판 1쇄 인쇄 | 2010. 12. 6.
개정 1판 1쇄 발행 | 2019. 12. 5.

닉 아놀드 글 | 토니 드 솔스 그림 | 이충호 옮김

발행처 김영사 | 발행인 고세규
등록번호 제 406-2003-036호 | 등록일자 1979. 5. 17.
주소 경기도 파주시 문발로 197(우10881)
전화 마케팅부 031-955-3100 | 편집부 031-955-3113~20 | 팩스 031-955-3111

값은 표지에 있습니다.
ISBN 978-89-349-9846-4 74080
ISBN 978-89-349-9797-9 (세트)

좋은 독자가 좋은 책을 만듭니다. 김영사는 독자 여러분의 의견에 항상 귀 기울이고 있습니다.
독자의견전화 031-955-3139 | 전자우편 book@gimmyoung.com
홈페이지 www.gimmyoungjr.com | 어린이들의 책놀이터 cafe.naver.com/gimmyoungjr

이 도서의 국립중앙도서관 출판시도서목록(CIP)은 서지정보유통지원시스템
홈페이지(http://seoji.nl.go.kr)와 국가자료공동목록시스템(http://www.nl.go.kr/kolisnet)에서
이용하실 수 있습니다. (CIP제어번호 : CIP2019031366)

어린이제품 안전특별법에 의한 표시사항
제품명 도서 제조년월일 2019년 12월 5일 제조사명 김영사 주소 10881 경기도 파주시 문발로 197
전화번호 031-955-3100 제조국명 대한민국 ⚠️주의 책 모서리에 찍히거나 책장에 베이지 않게 조심하세요.

차례

책머리에	7
지구를 먹어치우는 기계	10
골칫거리 쓰레기	28
말썽 많은 연료와 에너지	44
미친 듯한 기후	58
공포의 열파	74
지긋지긋한 가뭄	87
걷잡을 수 없는 홍수와 사나운 폭풍	96
녹아 가는 얼음	108
어두운 미래 전망	122
지구는 멸망할 것인가?	156
지구 온난화에 관한 퀴즈	160

닉 아놀드는 어린 시절부터 이야기와 책을 쓰기 시작했지만, 지구 온난화에 관한 책을 써서 유명해지리라고는 꿈에도 생각하지 않았다. 이 책을 쓰기 위해 아놀드는 빙산에 관한 노래를 부르고, 북극곰과 친구가 되려고까지 했다. 그는 이 모든 것을 즐겼다고 한다.

〈앗, 이렇게 재미있는 과학이!〉 시리즈에 관한 일을 하지 않을 때에는 피자를 먹거나 자전거를 타거나 썰렁한 농담을 생각한다고 한다(음, 물론 이 모든 것을 동시에 하는 것은 아니다).

토니 드 솔스는 기저귀를 차고 다닐 때부터 크레용을 갖고 놀았으며, 그 뒤로 계속 그림을 그려 왔다. 그는 〈앗, 이렇게 재미있는 과학이!〉 시리즈에 홀딱 빠져 방사능에 오염된 샌드위치를 맛보는 것도 마다하지 않았다. 다행히

도 지금은 건강을 완전히 회복했다고 한다.

스케치북을 들고 밖으로 나가지 않을 때면 시를 쓰거나 스쿼시 게임을 즐긴다. 그렇지만 아직까지 스쿼시에 관한 시는 한 편도 쓴 적이 없다고 한다.

책머리에

우리 은하의 한쪽 가장자리, 자그마한 파란색 행성 하나가 노란색으로 빛나는 평범한 별 주위를 돌고 있다. 거기가 어디인지 짐작이 가는가? 그렇다! 바로 우리가 살고 있는 이곳, 지구 이다! 여러분이 외계인이 아니라면, 이곳은 우리가 알고 있는 유일한 우리의 집이다.

이 작은 파란색 행성은 행성치고는 꽤 근사한 편이다. 먹을 게 널려 있고, 너무 춥지도 덥지도 않다. 게다가 경치도 썩 나쁜 편은 아니다. 이러니 우주의 모든 악당들이 지구를 정복하려고 꿈꾸는 게 당연하다! 여기 바로 그런 악당이 하나 있다!

그리고 이들은 같은 일당이다.

노가리 박사와 그 일당은 좀 있다가 다시 만나기로 하고, 그 전에 먼저 우리가 살고 있는 행성의 기묘한 점을 몇 가지 살펴보기로 하자. 사실 지구는 괴상한 양말들이 가득 차 있는 가게처럼 기묘한 곳이다. 우리는 이 곳에서 사는 걸 좋아하고, 또 우리가 살아갈 수 있는 유일한 집이지만, 우리는 이 곳을 쓰레기로 가득 채우지 못해 발광을 한다! 이 책을 쓴 이유도 바로 이 때문이다!

이 책에서 여러분은 지금 우리 행성에서 어떤 잘못된 일들이 일어나고 있는지 보게 될 것이다. 그걸 보면서 과연 우리에게 미래가 있을지 곰곰 생각해 보기 바란다. 그리고 이 책에는 끔찍하거나 메스꺼운 장면도 많이 나오니 각오를 단단히 하도록! 지금 이 순간에도 세상은 계속 쓰레기로 덮여 가고 있으니 더 이상 꾸물거릴 시간이 없다!

지구를 먹어치우는 기계

여러분은 지금 행복한가? 설사 여러분은 흐린 하늘처럼 잔뜩 찌푸리고 있을지 몰라도 전 세계에서 적어도 약 75만 명은 싱글벙글 웃고 있다. 그들은 바로 오늘 태어난 아기 37만 5000여 명의 부모들이다. 그것은 정말로 축하할 일이다. 사람은 누구나 아기를 좋아하니까! 문제는 이렇게 자꾸 늘어나는 인구가 지구에 큰 부담이 된다는 사실!

막 태어난 신생아들은 아무것도 모르지만, 만약 아는 게 있다면 새로 맞이한 이 세상에서 어떤 것들을 챙겨야 할지 생각하느라 몹시 바쁠 것이다. 어쩌면 크레용을 잡고서 쇼핑 목록을 작성할지도 모른다.

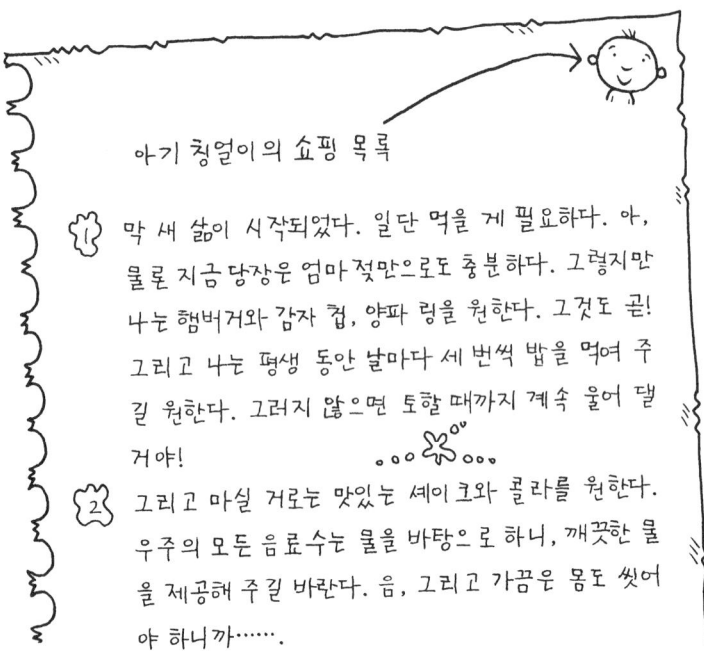

아기 칭얼이의 쇼핑 목록

1. 막 새 삶이 시작되었다. 일단 먹을 게 필요하다. 아, 물론 지금 당장은 엄마 젖만으로도 충분하다. 그렇지만 나는 햄버거와 감자 칩, 양파 링을 원한다. 그것도 곧! 그리고 나는 평생 동안 날마다 세 번씩 밥을 먹여 주길 원한다. 그러지 않으면 토할 때까지 계속 울어 댈 거야!

2. 그리고 마실 거로는 맛있는 셰이크와 콜라를 원한다. 우주의 모든 음료수는 물을 바탕으로 하니, 깨끗한 물을 제공해 주길 바란다. 음, 그리고 가끔은 몸도 씻어야 하니까……

③ 살 곳도 필요하다. 욕실과 TV, 컴퓨터(초고속 인터넷도 필수)가 갖춰진 침실이라면 더할 나위 없지!
④ 교육도 잘 받아야겠지? 음, 이건 내가 원하지 않아도 엄마, 아빠가 알아서 시켜 줄 것이다.
⑤ 그 밖에도 가지고 싶은 게 너무 많다. 평생 쓸 만큼의 최고급 기저귀, 고급 브랜드 옷들이 즐비한 옷장, 컴퓨터로 조절되는 에어컨과 CD 플레이어를 갖춘 고속 유모차 등등. 그런데 이제 슬슬 눈이 감긴다.
⑥ 오, 그래! 난 잠도 필요해. 콜콜~

자, 이제 감이 잡히지? 전 세계에서 태어나는 아기는 모두 새로운 물건들을 원한다. 문제는 모두에게 나눠 줄 만큼 물건들이 충분하지 않다는 것!

으스스한 통계 자료

- 지금도 해마다 약 8000만 명이 새로 태어나고 있다. 이것은 대략 독일 인구와 비슷하다. 게다가 사람들은 점점 오래 살고 있다. 즉, 지구에 살고 있는 사람이 점점 많아진다는 것!
- 약 8억 명은 먹을 것을 충분히 얻지 못하고 있으며, 약 10억 명은 깨끗한 물조차 제대로 얻지 못하고 있다.
- 6명당 1명은 기초 교육조차 제대로 받지 못하고 있다. 대부분은 교육을 받길 간절히 원하는데도 말이다!

약 1만 년 전만 해도 사람은 날아다니는 코뿔소만큼이나 귀했다. 하하, 설마 곧이곧대로 믿는 건 아니겠지? 그 당시에 매머드를 괴롭히며 살아가던 사람은 약 1000만 명에 불과했다.

아래 그래프를 보라! 그러던 것이 1900년에 이르자 세계 인구는 엄청나게 불어났다. 그렇지만 그것조차 2000년에 비하면 4분의 1밖에 되지 않았다.

2030년경에는 세계 인구가 약 82억 명으로 늘어날 것이다. 그리고 2050년경에는 약 93억 명으로 늘어날 것 같다. 그런데 이 많은 사람들이 모두 먹을 것과 물과 집과 교육을 원한다. 그들이 교육을 좋아하든 않든 말이다. 그뿐만이 아니다. 사람들은 여행도 하고 싶어하고, 과학자들이 발명하는 온갖 기기와 장난감도 가지고 싶어한다.

직접 해 보는 실험 : 인구는 얼마나 빨리 늘어날까?
준비물: 적어도 64장 이상의 종이

용돈이 궁한 어린이를 위한 조언:
만약 부모님이 부자이고, 여러분의 말에 잘 속아 넘어간다면, 과학 실험을 할 거라며 종이 대신에 5000원짜리 지폐 64장이 필요하다고 말씀드려 봐라.

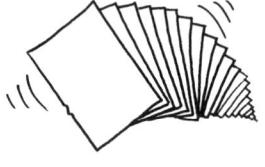

안 준다면 어쩔 수 없지만, 만약 준다면 횡재가 아닌가! 그리고 부모님이 실험이 끝나고 나서 지폐를 돌려달라고 하면, 이 실험은 32년이 지나야 끝난다고 말씀드리도록!

실험 방법:

1. 종이 2장을 식탁 위에 올려놓는다. 각각의 종이는 사람 한 명을 나타낸다. 2장의 종이를 한 쌍의 부부라고 생각하라.

2. 이번에는 그 위에다 다시 종이 2장을 올려놓는다. 이제 4장의 종이가 생겼다. 이 종이들을 첫 번째 부부가 낳은 네 자녀라고 상상하라. 그 위에 이번에는 종이 4장을 올려놓는다. 이제 8장의 종이는 손자 8명에 해당한다. 그 위에 다시 8장을 올려놓으면, 증손자 16명이 생긴다.

3. 자, 이제 무슨 일이 일어나는지 알겠지? 종이를 올려놓을 때마다 여러분은 새로운 세대를 만드는 것이다. 그리고 각 세대는 이전 세대보다 수가 2배씩 늘어난다. 따라서, 다음 번에 올려놓을 종이의 수는 16장이고, 그 다음에는 32장이다. 또 그 다음은 64장이다.

4. 종이를 계속 올려놓고, 수를 2배씩 늘려 가는 이 실험은 여러분의 인내심이나 종이나 아니면 지구 상의 모든 종이가 바닥날 때까지 얼마든지 계속해도 좋다.

실험 결과:

종이의 수는 금방 크게 불어날 것이다. 종이를 2배씩 늘려 가는 걸 100번 반복하고 나면, 쌓인 종이의 높이는 안드로메다 은하까지 이를 것이고, 그 종이를 다 대려면 우주에 존재하는 모든 나무를 다 잘라도 모자랄 것이다. 물론 지구에 그렇게 많은 사람이 살 수는 없다. 그랬다간 식량이 바닥나고, 걸음을 뗄 때마다 다른 사람의 발이 밟힐 것이고, 그러다 성질이 나 서로 죽여 버릴 테니까.

그렇지만 좋은 소식이 있다. 2070년경이 되면 세계 인구는 더 이상 증가하지 않을 것이라고 한다. 여러 가지 원인이 있지만, 사람들은 잘살수록 아이를 적게 낳는 경향이 있다. 이상하게 들릴지 모르지만, 잘살수록 아이에게 드는 돈이 많아지기 때문에 지출을 줄이려고 아이를 덜 낳으려고 한다. 미국, 유럽, 일본, 우리나라를 비롯해 선진국에서는 이미 이런 경향이 나타나고 있다.

그렇지만 93억 명이란 인구도 결코 적은 숫자는 아니다. 그 많은 사람들이 먹을 밥을 짓는다고 상상해 보라. 또 그 설거지는 상상만 해도 악몽이다! 그렇다면 우리는 어떻게 해야 할까? 과연 우리가 2050년까지 생존할 수는 있을까? 실제로 우리가 지금까지 살아남을 수 없을 것이라고 전망한 인구 전문가가 있었다.

명예의 전당 : 토머스 로버트 맬서스(1766~1834)
국적 : 영국

토머스 맬서스에 대해 먼저 꼭 알아두어야 할 것이 하나 있다. 맬서스는 자신을 결코 토머스라고 부르지 않았다는 것! 그러니까 로버트라고 불렀다. 혹시라도 맬서스를 만나면 반드시 로버트라고 부르도록! 맬서스는 형제자매가 모두 7명이나 있었다. 음, 그러니 인구 폭발에 대해 염려할 만한 이유가 충분히 있었군! 만약 형제자매가 7명이나 된다면, 나라도 폭발하고 말았을 것이다! 그런데 맬서스는 1804년에 사촌인 해리엇과 결혼해 세 자녀를 낳았다. 따라서, 자기 세대보다 후손을 50% 더 불려 놓은 것이다.

맬서스의 아버지는 철학자였는데, 세상의 모든 것이 결국에는 다 잘 돌아갈 것이라고 믿었다. 그러나 맬서스는 반드시 그렇지는 않다고 생각했다. 식량은 농사를 짓는 땅이 늘어나고 농사 기술이 발전함에 따라 조금씩 증가하는데, 인구는 한 세대가 지날 때마다 2배씩 늘어날 수 있다. 따라서 제한적인 식량 생산으로는 무한정 불어나는 인구를 다 먹여 살릴 수 없게 돼 결국 사람들이 굶어 죽을 것이다.

맬서스는 성직자가 되었다가 교수로 일했다. 1798년에 인구 폭발에 관한 생각을 책으로 냈더니 베스트셀러가 되었다. 맬서스의 인구 폭발 개념은 당시에 영향력이 대단했는데, 1834년에 영국에서 가난한 사람들을 작업장에 가두어 두고 힘든 일

을 시키는 법을 정한 것도 그 때문이었다. 가난한 사람들이 잘 살도록 도와 주어서는 안 된다는 게 그 법의 정신이었다. 만약 그들을 잘살게 돕는다면, 그들은 식량 생산을 늘리는 대신에 아이를 더 많이 낳을 것이라고 염려했기 때문이다. 그래서 가난한 사람들에게 맨손으로 밧줄을 끌게 하면서 뼈다귀와 찌꺼기 음식을 먹였다.

맬서스는 1834년에 세상을 떠났다. 그런데 맬서스가 죽고 나서도 그의 비석은 그의 책을 널리 홍보하는 효과를 떨쳤다. 그의 비석에 도대체 뭐라고 쓰여 있었길래?

아아, 물론 비석에 실제로 이렇게 쓰여 있었던 것은 아니다.

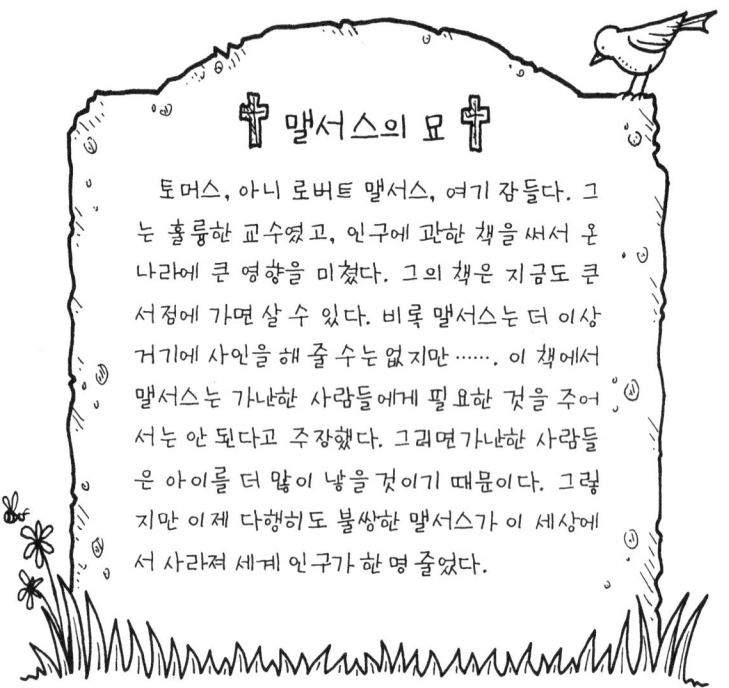

✝ 맬서스의 묘 ✝

토머스, 아니 로버트 맬서스, 여기 잠들다. 그는 훌륭한 교수였고, 인구에 관한 책을 써서 온 나라에 큰 영향을 미쳤다. 그의 책은 지금도 큰 서점에 가면 살 수 있다. 비록 맬서스는 더 이상 거기에 사인을 해 줄 수는 없지만……. 이 책에서 맬서스는 가난한 사람들에게 필요한 것을 주어서는 안 된다고 주장했다. 그러면 가난한 사람들은 아이를 더 많이 낳을 것이기 때문이다. 그렇지만 이제 다행히도 불쌍한 맬서스가 이 세상에서 사라져 세계 인구가 한 명 줄었다.

대신에 그 책이 얼마나 유명했으며, 맬서스가 얼마나 좋은 사람이었는지 칭송한 글이 쓰여 있다. 비록 그의 책은 궁핍한 사람에게 모질게 대하는 행동을 정당화하는 데 이용되었고, 그의 생각은 틀린 것이었지만, 맬서스가 좋은 사람이었다는 것은 사실이다.

맬서스의 생각이 틀린 이유는 그 당시에는 대부분의 일을 사람이 직접 했기 때문이다. 아, 물론 동물의 도움을 받기도 했다. 하지만 맬서스는 사람보다 기계가 훨씬 많은 일을 할 거라고는 전혀 상상하지 못했다. 그래서 식량 생산량을 획기적으로 늘리는 세상이 오리라고는 기대하지 않았다. 또 거대한 컨테이너선이나 비행기로 식량을 세계의 다른 지역으로 금방 운반하고, 냉장고로 식품을 오랫동안 신선하게 저장하며, 전기와 석유로 모든 것이 돌아가는 세상은 꿈에도 생각지 못했다.

오늘날 세상의 모든 산업과 농업과 운송을 하나의 거대한 기계라고 상상해 보자. 그리고 그것을 '지구를 먹어치우는 기계'라고 부르기로 하자. 이 놀라운 괴물 기계는 식물과 동물과 원자재를 먹어치우고, 대신에 종이와 가구, 햄버거, 콘플레이크, 컴퓨터, 자동차, 코 후비는 기계를 비롯해 여러분이 크리스마스 선물로 받기를 원하는 온갖 것을 다 만들어 낸다.

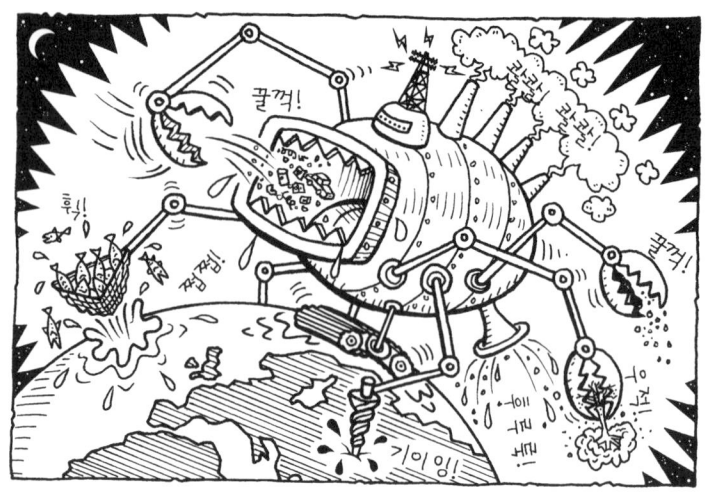

지구를 먹어치우는 기계가 일을 아주 잘 하고 있다는 것은 의심의 여지가 없다. 대부분의 사람들을 잘 먹이고, 많은 사람을 부자로 만들어 주니까. 그러나 모든 일에는 대가가 따른다. 그것도 아주 값비싼 대가가! 얼마나 값비싼 대가인지 알고 싶은가?

지구를 먹어치우는 기계를 사용하는 비용

여러분을 먹이고 입히고 집을 제공하고, 그 밖의 모든 것을 만들어 주고, 원하는 곳으로 데려다 주는 이 모든 서비스에 대한……

비용은 무한정한 원자재 공급

문제는 지구는 둘레 길이가 약 4만km에 불과하고, 여러분이 감기에 걸렸을 때 무한정 나오는 콧물을 제외하고는 모든 자원이 한정돼 있다는 것! 지금 당장만 해도 이미 일부 필수 원자재는 바닥을 드러내기 시작했다.

사라져 가는 광물

지구를 먹어치우는 기계는 우리가 원하는 것을 점점 더 많이 만들어 내기 위해 갈수록 더 많은 광물을 요구한다. 2008년에 과학자들은 광물 자원이 빠른 속도로 바닥나고 있다고 염려했다. 정확한 수치는 논란의 여지가 있지만, 땅 속에 광물 자원이 무한정 묻혀 있는 게 아니라는 사실은 누구나 인정한다. 그럼 세계 광물 자원 창고에서 재고가 얼마 없는 광물은 어떤 것이 있는지 살펴보자.

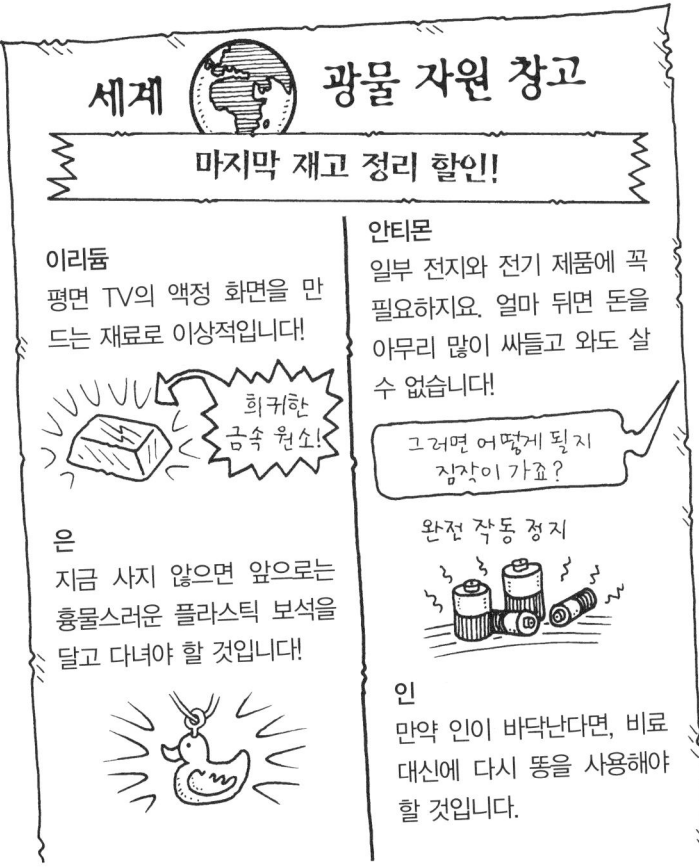

★ 요건 몰랐을걸!

백금은 자동차의 촉매 변환 장치에 쓰인다. 촉매 변환 장치는 배기가스에서 오염 물질을 줄여 주지만, 백금은 희귀하고 아주 비싸다. 그래서 전문가들은 미생물을 이용해 도로변에 쌓인 먼지에서 백금을 회수하려고 노력하고 있다. 먼지에는 자동차 배기가스에서 뿜어 나온 백금 가루가 포함돼 있기 때문이다. 그렇지만 도로에 드러누워 먼지를 수집해 가지고 부자가 되긴 어렵다. 그보다는 몸 위에 흥미로운 타이어 자국이 나기가 더 쉬울걸!

그런데 광물보다 훨씬 빨리 사라져 가는 지하 자원이 있다. 그것은 바로 지구를 먹어치우는 기계를 돌리려고 우리가 쓰는 에너지 자원이다. 과학자들의 의견에 따르면, 현재 남아 있는 에너지 자원의 양은 아래와 같다.

- 석유 약 203km^3
- 천연가스 19만 2000km^3

• 석탄 8470억 톤 미만

얼핏 보기에는 아주 많은 양이 남아 있는 것처럼 보이지만, 석유는 2060년경이면 바닥나고, 천연가스는 2080년경, 석탄은 2160년경이면 바닥날 것이다.

이 연료들을 '화석 연료'라고 부르는데, 먼 옛날에 지구에서 살던 생물의 유해가 땅 속에 묻혀 수백만 년 이상의 세월이 흐르는 동안 화석처럼 변해서 생긴 것이기 때문이다. 따라서 이 연료들이 바닥나면, 수백만 년 안에는 다시 생겨날 수 없다! 그런데 우리가 내일을 전혀 생각하지 않고 마구 낭비하는 것은 광물과 화석 연료뿐만이 아니다. 우리는 열대 우림도 아주 빠른 속도로 파괴하고 있다.

사라져 가는 열대 우림

열대 우림은 생물학자에게는 꿈과 같은 장소이다. 지구에 존재하는 수백만 종의 동식물 중 약 절반이 열대 우림에서 살고 있다. 식물 중에는 중요한 의약품 원료로 쓰이는 것도 있고, 우리가 즐겨 먹는 식품 성분의 약 80%도 이곳 식물에서 나온다. 여러분이 초콜릿 막대를 얹은 바닐라와 파인애플 맛 아이스크림을 먹고 있다고 상상해 보라. 그 상큼한 바닐라와 파인애플과 초콜릿은 모두 열대 우림에서 온 것이다.

따라서 우리는 열대 우림을 잘 돌보지 않으면 안 된다. 무슨 말인지 알겠지?

으스스한 통계 자료

• 수치는 자료마다 조금씩 차이가 있지만, 어쨌든 1초가 지날 때마다 축구 경기장 5개에 해당하는 면적의 열대 우림이 사라져 가고 있다.

- 21세기의 처음 5년 동안 브라질의 아마존 열대 우림은 그리스 국토만 한 면적이 사라졌다. 지구에서 그리스가 갑자기 없어진다고 상상해 보라!
- 대부분의 전문가는 만약 이런 속도로 열대 우림이 파괴된다면, 2050년경에는 지구상에서 열대 우림을 더 이상 찾아보기 힘들 것이라고 예상한다.

열대 우림이 점점 사라져 감에 따라 많은 동식물도 살아갈 장소를 잃어 사라져 가고 있다. 이미 많은 동식물은 과학자들이 연구할 기회를 갖기도 전에 사라져 버리고 말았다!

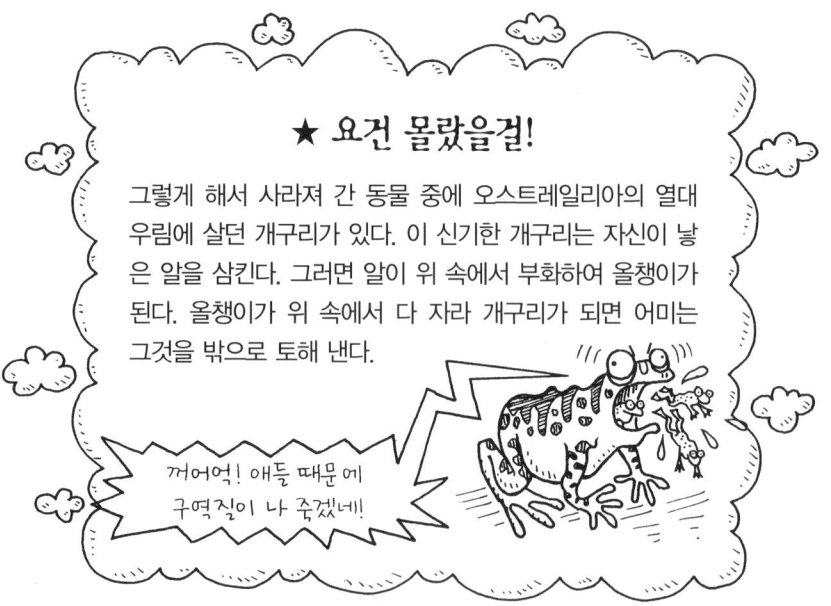

★ 요건 몰랐을걸!

그렇게 해서 사라져 간 동물 중에 오스트레일리아의 열대 우림에 살던 개구리가 있다. 이 신기한 개구리는 자신이 낳은 알을 삼킨다. 그러면 알이 위 속에서 부화하여 올챙이가 된다. 올챙이가 위 속에서 다 자라 개구리가 되면 어미는 그것을 밖으로 토해 낸다.

꺼어억! 애들 때문에 구역질이 나 죽겠네!

그런데 사람들은 왜 열대 우림을 파괴하는 것일까? 우리가 개구리를 좋아하지 않아서? 그것은 열대 우림에 소중한 것들이 많기 때문이다. 열대 우림에는 점점 늘어나는 사람들이 원하는 것이 많다. 바로 이런 것!

나무 사람들은 티크나 마호가니처럼 열대 우림에 자라는 목재를 점점 더 많이 원한다. 나무를 베어 가기만 하고, 그것을 보충할 나무를 새로 심지 않는 사람들은 정말로 뻔뻔한 동물이 아닌가!

땅 사람들은 농사를 짓거나 가축을 기르려고 나무를 베어 낸다. 그렇지만 농사를 지으려면 흙이 빗물에 씻겨 내려가지 않게 보호해 주는 나무가 필요하다. 결국 나무를 베어 내 밭을 만들더라도, 몇 년 지나면 황폐한 땅이 되고 만다.

광물 열대 우림 지역에서 광물을 채굴하려면 더 많은 길을 내야 하고, 그 때문에 많은 나무를 베어 내야 한다.

고기 아프리카의 일부 지역은 열대 우림에서만 고기를 구할 수 있다. 물론 그 고기는 햄이나 베이컨 같은 게 아니다. 악어나 하마 또는 원숭이 고기를 말한다. 문제는 이 때문에 동물들이 사라져 가고 있다는 것! 그런데 이런 고기를 먹으려면 상당히 비위가 좋아야 하지 않을까? 사람들은 원숭이를 잡으면, 머리와 손을 잘라 내고, 고기가 썩지 않도록 연기에 그을린다. 으윽! 이건 이야기를 듣는 것만으로도 너무 잔인하다. 그러니 이 정도로 그만 하고, 물고기의 사정은 어떤지 살펴보자.

텅 빈 바다

지구를 먹어치우는 기계는 단지 숲만 파괴하는 게 아니다. 바다도 텅 빈 곳으로 만들어 가고 있다. 공룡이 사라진 이래 물고기에게 지금처럼 살기가 힘든 때는 일찍이 없었다. 옛날에는 어선들이 작고 느렸기 때문에 물고기 친구들이 잘 피해 다닐 수 있었지만, 지금은 거대한 공장 같은 어선들이 떠다니면서 물속에 있는 것을 모조리 싹 쓸어 담고 있다. 오늘날 우리는 1970년대보다 4배나 많은 물고기를 잡고 있다. 나쁜 소식은 그 동안 물고기가 4배로 늘어난 것은 아니라는 사실!

과학자이자 발명가인 내멋대로 박사가 고양이에게 줄 먹이를 사러 나왔다.

뭐, 그래도 내멋대로 박사는 별로 신경 쓰지 않을 것이다. 어차피 바다에 가면 물고기가 많이 있을 테니까. 엉, 그렇지 않은가? 그리고 어선들이 끌고 다니는 거대한 그물에는 물고기뿐만 아니라 운 나쁜 바닷새와 돌고래도 걸려 죽어 간다. 그러면 세상에서 가장 운 나쁜 돌고래인 바이지(양쯔강돌고래를 중국에서는 이렇게 부른다)를 만나 이야기를 나눠 보기로 하자.

〈앗, 이렇게 재미있는 과학이!〉
특별 인터뷰 싸구려 기자 씀

싸구려 기자: 당신은 왜 세상에서 가장 운 나쁜 돌고래인가요?
바이지: 음, 난 이미 죽었으니까요.
싸구려 기자: 오, 저런! 정말로 운이 나빴군요! 어쩌다 그렇게 되었나요?
바이지: 우리 바이지는 수천 년 동안 중국 양쯔 강에서 잘 살아 왔어요. 우리는 흐린 물속에서는 앞을 잘 보지 못하는 독특한

종류의 강돌고래지만 그동안 행복하게 살았어요.

싸구려 기자: 그런데 어쩌다가?

바이지: 1950년대부터 사람들이 우리를 잡아 핸드백과 장갑으로 만들기 시작했기 때문이지요. 또 사람들이 던진 그물에 재수 없게 걸려 죽기도 했고요.

싸구려 기자: 당신들은 분노해서 거품을 내뿜었겠군요?

바이지: 아뇨! 거품을 뿜은 것은 강이었어요. 사람들이 오염 물질을 마구 버려서 그렇게 되었지요. 우리는 그런 오염 물질의 피해도 고스란히 받았지요.

싸구려 기자: 저런! 그런 데서 어떻게 살 수가 있겠어요?

바이지: 세상은 더 이상 우리가 살 수 없는 곳으로 변했지요.

싸구려 기자: 그렇다면 사람들에게 이를 갈겠군요?

바이지: 사실, 날카로운 이빨로 당신을 한 입 콱 물어 주고 싶지만, 몸이 뻣뻣하게 굳어 움직이질 않아요.

싸구려 기자: 그건 당신이 박제가 되었기 때문이에요.

바이지: 크르르!

멋진 새 집에
보관된 바이지

1980년에 양쯔 강에는 바이지가 약 400마리 살고 있었다. 그런데 1985년에는 그 수가 절반으로 줄어들더니, 1998년에는 겨우 13마리밖에 남지 않았다. 2006년에 과학자들이 배를 타고 양쯔 강을 1700km나 훑고, 다시 한 번 더 훑어 보았으나, 바이지는 한 마리도 볼 수 없었다.

그런데 지금 우리는 특별히 운이 나빠 죽어 간 물고기나 특이한 돌고래를 특별히 콕 집어 이야기하려는 게 아니다. 이런 식으로 사라져 간 동물은 아주 많다. 그러나 지구를 먹어치우는 기계가 저지르는 만행은 이 정도로 그치지 않는다. 사실 이 책의 나머지 부분에서는 지구를 먹어치우는 기계가 지구에 어떤 해를 끼치는지 살펴볼 것이다. 음, 그럼 위험하면서 냄새가 아주 고약한 것부터 살펴볼까?

골칫거리 쓰레기

이 장은 쓰레기가 가득 넘친다. 여러분이 버리는 일반 쓰레기, 썩어 가는 오염 물질, 독성 폐기물을 여기서 실컷 보게 될 것이다. 그럼 쓰레기에 대해 자세히 알아볼까?

여러 가지 쓰레기에 관한 용어 정의

쓰레기 쓸모가 없어서 버리는 물질

쓰레기에 대한 친절한 해설 : 이것은 물건을 가리키는 것이지, 여러분의 동생과 같은 사람을 가리키는 단어가 아니다. 그러니 가족을 쓰레기라고 불러서도 안 되고, 쓰레기통에 집어넣어서도 안 된다.

독성 폐기물 사람이나 생물에게 해로운 쓰레기.

오염 물질 공기나 물, 흙으로 들어가 환경을 해치는 쓰레기나 독성 폐기물.

깜짝 퀴즈

자, 다음 물질들을 독성 폐기물과 독성이 없는 쓰레기로 구분해 보라.

1. 개똥

2. 먹고 싶지 않은 학교 급식

3. 살충제

4. 부동액

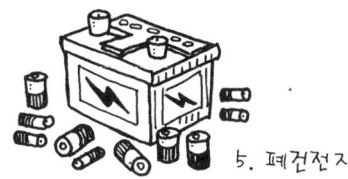
5. 폐건전지

6. 말라붙은 피와
고름이 묻어 있는
붕대

7. 방사능에 오염된
샌드위치

답:
북극곰 페치령: 3. 썩은 음식 찌꺼기는 사람에게 독이 된다. 4. 부동액은 단맛이 나는 치명적인 독이다. 5. 건전지에도 독성 중금속이들어 있다. 7. 방사능에 오염된 샌드위치는 건강에 아주 나쁘다.
북극곰이 즐겨 먹는 쓰레기: 1. 6. 케첩과 피자 조각은 북극곰 떼를정신없이 헤매게 만든다. 그 이유인즉, 세균이 생기기 좋은 장소 꽤 매력적인 아가리, 기름이 아니다. 2. 훌쩍 코 시아눌, 극장이나 쓰레기통 표면에 묻어 있 된다. 그렇지 않으면…….

 썩어 가는 쓰레기 더미를 뒤지는 것을 좋아할 사람은 아무도 없을 테지만, 배고픈 북극곰은 가끔 먹이를 찾느라 쓰레기 더미를 뒤진다. 그런데 노가리 박사가 실수로 세계 정복 계획안을 그만 쓰레기와 함께 버리고 말았다. 그래서 충성스러운 부하인 곰돌이와 멍멍이에게 그것을 찾아오라고 시켰다.

노가리 박사의 사악한 세계 정복 계획안

북극곰의 눈에는 우리가 은하 전체에서 쓰레기를 가장 많이 버리는 낭비적인 동물로 보일 것이다. 실제로 통계 자료를 한 번 살펴볼까?

으스스한 통계 자료

- 음식물과 포장 재료 말고도 미국인이 일 년에 버리는 종이와 판지는 8500만 톤이나 된다. 이 중 약 절반은 신문지와 잡지가 차지한다. 전 세계에서 버리는 종이와 판지의 양은 3억 6000만 톤이 넘는데, 그걸 만들려면 40억 그루 이상의 나무를 베어야 한다.

- 평균적인 미국인 가정은 일 년에 유리 용기를 500개 가량 사용한다. 유리는 재활용이 가능한데도, 그 중 대부분은 쓰레기통으로 간다. 다른 나라들의 사정도 크게 다르지 않다. 예를 들면, 영국인은 일 년에 유리 용기를 약 200만 톤이나 사용한다.

- 미국인 1명이 1년 동안 버리는 식물 쓰레기는 125kg이나 된다. 그 중에는 바나나 껍질뿐만 아니라 잔디 깎아 낸 것도 3000만 톤이나 포함돼 있다.

- 사람들은 플라스틱을 50가지 이상 발명했지만, 그것을 재활용하는 방법은 알아내지 못했다.

　아마도 우리는 어리석은지 모른다. 실제로 어떤 사람들은 수소 풍선이나 성적표를 버리면, 그것이 마술처럼 사라진다고 생각한다. 그러나 그런 마술은 절대로 일어나지 않는다. 그것은 어딘가에서 쓰레기가 된다. 예컨대 비닐봉지를 살펴보자. 비닐봉지는 단지 보기에만 나쁜 게 아니다. 그것은 지구 환경에도 나쁘다. 바람 부는 날에 거리에서 탈출하려는 비닐봉지가 붙잡혀 환경을 해친 혐의로 재판을 받고 있다고 한다. 그럼, 법정으로 가서 구경해 볼까?

지구를 지키는 환경 법정

판사: 일정한 주거지가 없는 피고 비닐봉지는 다음 죄목으로 기소되었습니다. 해마다 버려지는 비닐봉지는 수십억 톤이나 되는데, 썩어서 분해되는 데 100년 이상이나 걸려 환경에 큰 해를 입히고 있습니다. 피고, 이에 대해 할 말 있습니까?

비닐봉지: 전 억울합니다. 전 원래 물건을 담는 용도로 만들

어진 유익한 물질입니다. 저도 제가 왜 이렇게 만들어졌는지 불만이 많다고요! 그런데 누가 절 만들었나요? 그리고 누가 저를 마구 버리나요? 바로 당신들, 인간이 아니냐고요! 그냥 내버려 둔다면, 저도 아무 말썽 피우지 않고 잘 행동할 수 있다고요.

판사: 피고는 바다에 떠다니면 해파리처럼 보인다면서요? 그래서 바다거북이나 돌고래가 해파리로 착각해 삼켰다가 질식해 죽는 사고가 일어난다고요?

비닐봉지: 지금 농담하시는 거예요? 그게 제 잘못인가요? 나를 집어삼키려고 한 것은 오히려 그 녀석들이라고요! 그리고 인간들은 아직도 쇼핑을 할 때 내가 꼭 필요하다고요.

판사: 그건 잘못된 생각이에요! 비닐봉지에 요금을 물리면, 사람들은 비닐봉지를 사용하는 대신, 재사용할 수 있는 가방이나 봉지를 가지고 올 겁니다.

비닐봉지: 그럼, 전 무죄니까 그만 가도 되죠?

판사: 아닙니다. 이제부터는 비닐봉지를 사용할 때마다 100원씩 요금을 물리기로 하겠습니다.

이처럼 비닐봉지는 환경에 나쁘지만, 독성 폐기물은 더욱 나쁘다. 음, 이런 말 하기 미안하지만, 다음 쪽에는 누가 갖다 버린 독성 폐기물이 잔뜩 쌓여 있다!

노가리 박사의 세계 정복 계획

지금까지의 이야기 – 노가리 박사는 쓰레기 더미에서 세계 정복 계획안을 다시 찾았다. 이 계획의 첫 단계로 노가리 박사는 곰돌이와 멍멍이에게 독성 폐기물을 모아 오게 했다.

1. 다이옥신 – 종류가 75가지나 된다. 몸의 기능을 조절하는 호르몬을 교란하기 때문에 환경 호르몬이라고 부른다. 호흡 곤란과 암을 일으키기도 한다.

2. 방사성 폐기물 – 원자들 중에는 붕괴하면서 해로운 광선(방사선)을 방출하는 종류가 있다. 방사성 폐기물에는 바로 그런 원자들이 들어 있다. 가장 위험한 것은 플루토늄239로, 수십만 년이 지나도 방사능이 없어지지 않는다.

3. 유기염소 화합물 – 전지와 페인트에 들어 있다. 구토와 설사, 두통을 일으킨다.

4. PCB(폴리염화비페닐) – 금지되기 전에는 전기 장비에 사용되었다. PCB는 암을 일으키며, 인체의 면역력을 떨어뜨린다.

5. 정유 공장에서 나온 찌꺼기 물질 – 썩은 달걀과 비슷한 냄새가 나는 황화수소를 포함해 독성 물질이 많이 들어 있다.

6. 수은 – 정신 이상과 뇌 손상을 일으키며, 치아를 빠지게 한다.

7. 살충제와 제초제 – 해충과 잡초를 없앨 목적으로 만들어진 화학 물질이지만, 사람에게도 해롭다. 일부 물질은 암과 뇌 손상을 일으키는 것으로 알려져 있다.

한참 뒤…….

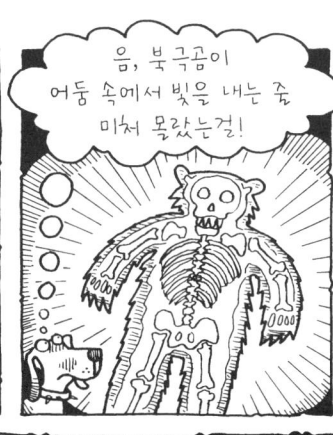

그 동안 일부 부자 나라들은 쓰레기를 가난한 나라들에 버려 왔는데 이것은 불법 행위이다. 1988년에 카린 B 호는 전에 이탈리아가 아프리카에 버린 독성 폐기물을 도로 실어 오려고 이탈리아에서 아프리카로 항해했다. 혹시 평소에 배를 타고 멀리 항해를 하고 싶은 꿈을 꾸지 않았는지?

카린 B 호는 독성 폐기물을 다섯 나라에 내려놓으려고 시도했다. 그러나 어느 나라도 허락하지 않아 다시 이탈리아로 돌아갔다. 하기야 독성 폐기물을 두 손 벌리고 환영할 사람이 세상에 누가 있겠는가? 만약 독성 폐기물을 잘못된 장소에 버릴 경우 그 결과는 끔찍한 재앙을 낳을 수 있다.

독성 폐기물이 초래한 재앙

1. 1950년대와 1960년대에 일본 도야마 현에서는 농부들이 근처의 진쯔 강에서 강물을 끌어와 논에 댔다. 그런데 그들은 강물이 근처의 광산에서 흘러내려온 카드뮴에 오염돼 있다는 사실을 꿈에도 몰랐다. 카드뮴은 뼈 속의 칼슘 성분을 녹이고, 고열과 근육통, 간 손상, 골연화증 등 인체에 많은 해를 끼친다. 이 때문에 많은 사람이 뼈가 약해지고 뼈에 큰 통증을 느끼는 이타이이타이병에 걸려 1968년까지 100명 이상이 사망했다.

2. 러브 운하라는 곳이 있다. 이름이 참 낭만적이지? 게다가 근처에는 멋진 나이아가라 폭포도 있다. 어때, 여러분도 이런 곳에서 살고 싶지? 그런데 이곳은 1950년대에 독성 폐기물을 매립한 장소 위에 세운 마을이었다. 10년쯤 지난 뒤에 주민들 사이에 암과 호흡 곤란을 비롯해 온갖 질병이 발생하자, 결국 마을은 폐쇄되었고, 주민들은 다른 곳으로 옮겨가야 했다.

3. 러브 운하에 살던 주민 중 미주리 주의 타임스비치로 옮겨간 사람은 설마 없겠지? 이곳 주민들은 비포장 도로에서 날리는 먼지 때문에 골치를 앓다가 1971년부터 도로에 기름을 뿌리기 시작했다. 그런데 그 일의 용역 계약을 따낸 사람이 비용을 줄이려고 화학 공장에서 판매하는 폐유를 기름에 섞어 뿌

렸다. 문제는 그 폐유 속에 다이옥신이 들어 있었다는 것! 결국 다이옥신이 온 생태계로 퍼졌고, 1983년에 주민 전체가 다른 곳으로 옮겨가야 했다.

이것들은 충분히 섬뜩한 환경 재앙이지만, 인도 보팔에서 일어난 사고에 비하면 아무것도 아니다.

어둠 속에서 다가온 죽음의 그림자

1984년 12월 3일, 인도 보팔

자정 무렵에 미국의 다국적 기업인 유니온카바이드 사의 살충제 원료 저장 탱크가 폭발하면서 약 90분 동안 유독 가스가 뿜어 나왔다. 이 죽음의 가스 구름은 공기보다 무거워 땅 위로 깔리면서 사방으로 퍼져 나갔다. 그러나 아무도 위험을 눈치채지 못했다. 보팔 주민은 별이 빛나는 하늘 아래에서 아무것도 모르고 잠들어 있었다.

자정이 지나 새벽 0시 30분이 될 때까지도 아무런 경보가 울리지 않았다. 오작동으로 사람들을 귀찮게 할까 봐 경보 장치 스위치를 꺼 놓았기 때문이다.

유독 가스 구름에는 살충제 성분인 메틸이소시안산염이 들어 있었다. 메틸이소시안산염은 물과 닿으면 끓어 오르는데 공장에서 어쩌다 물이 저장 탱크 속으로 들어갔고, 메틸이소시안산염이 끓어 오르자 결함이 있던 밸브가 터지고 만 것이다.

그렇지만 사고의 위험은 전부터 죽 있었으며 언젠가는 사고가 터지게 돼 있었다. 밸브는 새었고, 관들은 부식되었으며, 소각탑은 언제라도 폭발할 위험이 있었다. 1982년에 라지쿠마르 케르와리라는 기자는 안전 대책을 촉구하며 기사를 연재했다.

> 보팔은 화산 위에 앉아 있는 것과 같다!
> 이것은 모든 사람에게 드리는 경고이다.

> 이것을 제대로 인식하지 않는다면
> 언젠가 모두 죽고 말 것이다!

그러나 책임이 있는 사람들은 이 경고에 귀를 기울이지 않았고, 일단 사고가 터지자 모든 것은 이미 엎질러진 물이 되고 말았다. 그날 밤 제대로 작동한 안전 조치는 하나도 없었다.

유독 가스는 차가운 바람에 실려 골목 구석구석으로 퍼져 갔고, 허름한 판잣집들의 문 틈과 깨진 창문을 통해 집 안으로 스며 들어갔다. 사람들은 어둠 속에서 눈과 코와 목이 타오르는 고통에 잠을 깼다. 아시자 술탄이 눈을 떴을 때, 눈앞에는 하얀 구름밖에 보이지 않았고, "어서 피해! 달아나!"라고 사람들이 외치는 소리가 들려왔다.

숨이 콱 막혔고, 심한 기침이 나왔다. 숨을 들이마실 때마다 속이 타는 것 같았다. 눈도 타오르고 있었다. 그녀는 정신 없이 달렸다. 모두가 달리고 있었고, 죽음의 안개 속에서 사이렌 소리가 요란하게 울렸다. 모든 사람이 달리고 있었지만, 자신이 어디로 달려가고 있는지 아는 사람은 아무도 없었다.

참파 데비 슈클라는 가족과 함께 달렸다. 이런 고통은 이전에 한 번도 경험한 적이 없었다. 아주 매운 칠리고추를 바른 것처럼 온몸이 화끈거렸다. 타는 듯한 눈물 때문에 눈을 제대로 뜰 수 없었지만, 주위에서 사람들이 픽픽 쓰러지는 것이 흐릿하게 보였다. 그들은 침과 콧물이 범벅이 되어 부글부글 끓어오르고, 폐가 기능을 잃으면서 피부가 파랗게 변해 갔다. 마구 쏟아져 나오는 사람들 때문에 쓰러져 밟히는 사람들도 있었고, 소들도 고통을 못 이겨 울부짖으면서 거리를 휘젓고 다녔다. 다른 사람을 도울 여력이 있는 사람은 아무도 없었다.

부상을 당한 사람 수백 명이 병원으로 갔는데 의사들조차 치료 방법을 몰라 화학 회사에 도움을 요청했다. 하지만 화학 회사는 그저 사람들의 눈을 물로 씻어 주라고 답할 뿐이었다. 의약품도 없었고, 정확한 치료 방법을 아는 사람도 없었다. 이 사고로 죽은 사람의 수는 지금까지도 정확하게 알 수 없지만*, 아침이 되자 거리는 온통 사람, 소, 새 등등의 시체로 뒤덮여 있었다. 수백 명 이상의 시체가 강에 던져지거나 숲에 묻혔다. 그렇지만 운 좋게 살아남은 사람도 수십만 명이나 있었다. 그들은 어둠 속에서 죽음의 그림자가 소리도 없이 다가온 그날 밤을 결코 잊지 못할 것이다.

소각로

독성 폐기물을 제거하는 한 가지 방법은 거대한 소각로에서 태워 없애는 것이다. 그런데 노가리 박사가 새로 쓴 어린이 책에 소각로에 관한 이야기가 나온다고 한다. 음, 여기에 쓰인 내용 전부가 맞다고는 할 수 없지만 그래도 최소한 소각로가 어떻게 작동하는지는 대충 보여 준다.

*사망자는 2800여 명으로 추정되며, 피해자는 20만 명 이상이나 되었다. 그중 2만 명이 지금까지 죽은 것으로 전해진다. 이 사고는 세계 최악의 화학 공장 사고로 12만 명이 실명과 호흡 곤란, 위장 장애 등 만성 질환을 앓고 있다. 또 중추 신경계와 면역계 이상으로 중병을 앓고 있는 이도 많다.

> 어린이를 위한 스릴 넘치는 과학 계획
>
> ## 학교를 독성 폐기물 소각로로 만드는 방법

대부분의 학교 건물은 아무 쓸모가 없다. 그러니 여러분의 학교를 소각로로 개조해 돈을 많이 벌 수 있다면 반대할 사람이 별로 없을 것이다.

방법:

1. 학교에 있는 사람들을 모두 나가게 한다. 당연히 선생님도 포함해서! 태워야 할 독성 폐기물을 보여 주면 남아 있으라고 해도 있지 않을 테지만. 하하!

2. 학교를 약간 개조할 필요가 있다. 학교 보일러를 1300℃의 온도에서 타는 거대한 소각로로 만들고, 뜨거운 가스가 빠져 나갈 수 있게 높이 40m의 굴뚝을 세운다.

3. 복도에 폐기물을 소각로로 운반하는 컨베이어 벨트를 설치하는 걸 잊지 말 것! 연기에서 산성 기체와 유독성 먼지를 제거하는 특수 장비도 필요하다.

4. 선생님의 부채를 빌려 뜨거운 가스가 굴뚝으로 잘 올라가도록 열심히 부칠 것! 진짜 소각로에서는 커다란 송풍기가 이 일을 한다.

5. 숙제장이나 성적표처럼 쓸모없는 종이를 소각로에 집어넣고 태운다.

6. 여기서 발생하는 열을 이용해 보일러의 물을 끓여 증기를 만

숙제를 좀더 해야겠어!

엥?

태울 종이가 부족해서 그래.

든다. 이 증기를 이용해 발전기를 돌리면 전기를 만들 수 있다. 이렇게 만든 전기를 친구나 이웃에게 팔아 그 돈으로 사악한 계획을 추진하는 데 쓴다. 천재 악당이 되려면 돈이 필요하니까.

과학자들은 여러분의 학교에서 독성 폐기물을 태우지 않고 달리 처리할 방법을 개발하려고 애쓰고 있다. 예를 들면 말냉이 같은 일부 식물은 오염된 흙에서 독성 폐기물을 흡수하는 능력이 뛰어나다. 이러한 독성 물질은 굶주린 초식 동물이 그 잎을 뜯어먹지 못하게 막아 준다.

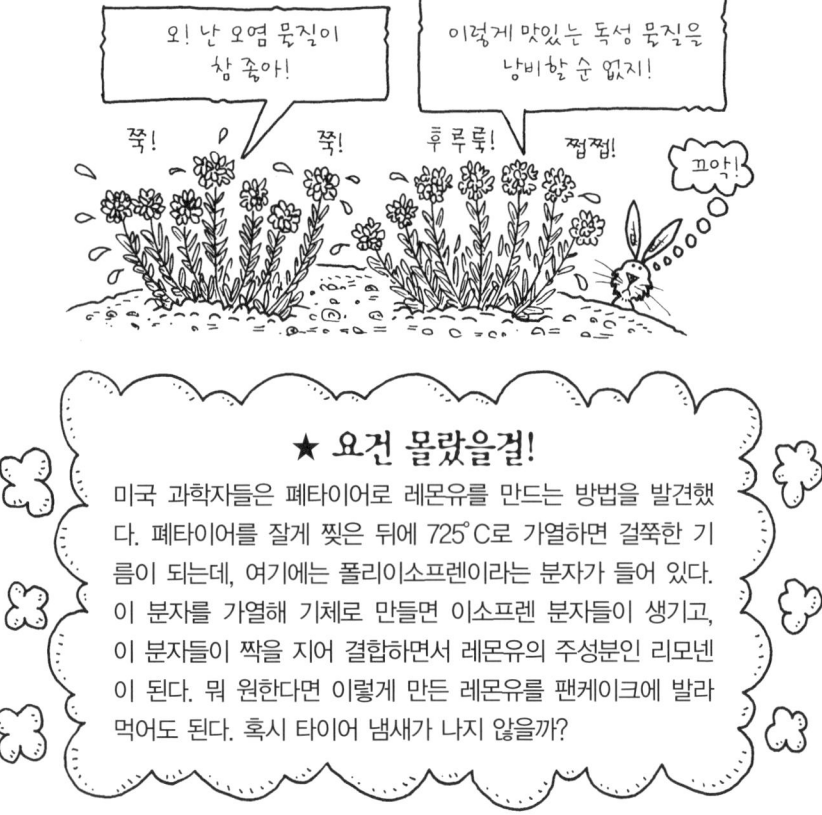

★ 요건 몰랐을걸!

미국 과학자들은 폐타이어로 레몬유를 만드는 방법을 발견했다. 폐타이어를 잘게 찢은 뒤에 725°C로 가열하면 걸쭉한 기름이 되는데, 여기에는 폴리이소프렌이라는 분자가 들어 있다. 이 분자를 가열해 기체로 만들면 이소프렌 분자들이 생기고, 이 분자들이 짝을 지어 결합하면서 레몬유의 주성분인 리모넨이 된다. 뭐 원한다면 이렇게 만든 레몬유를 팬케이크에 발라 먹어도 된다. 혹시 타이어 냄새가 나지 않을까?

에너지 이야기가 나왔으니 말인데, 지구를 먹어치우는 기계는 아직도 여러분을 깜짝 놀라게 할 비장의 무기를 감추고 있다. 그렇지만 그걸 여기서 미리 이야기해 여러분의 흥을 깨기는 싫다. 대신 다음 장에서 그렇게 하지 뭐!

말썽 많은 연료와 에너지

자동차에서부터 자동 진동 변기 시트에 이르기까지 모든 기계는 한 가지 공통점이 있다. 뭐라고? 품질 보증 기한이 끝나자마자 고장나는 게 아니냐고? 음, 그건 아니다. 그것은 바로 모든 기계는 연료에서 에너지를 얻어야 돌아간다는 사실이다. 연료는 말라붙은 낙타 똥이건 슈퍼맨에게 힘을 주는 가상의 크립토나이트 결정이건 종류는 상관이 없다. 어쨌든 에너지를 공급해 주지 않으면, 기계는 목소리를 잃은 선생님처럼 아무 짝에도 쓸모가 없다.

연료와 에너지는 또 여러분의 머리를 씽씽 잘 돌아가게 해 준다. 그러면 내멋대로 박사에게 우주에서 가장 멍청한 어린이인 멀뚱이에게 연료와 에너지에 대해 설명을 해 달라고 부탁하기로 하자.

멍청한 어린이를 위한 연료 강의
등장 인물: 내멋대로 박사와 멀뚱이

멀뚱이 : 연료가 뭔데요?
내멋대로 박사 : 에너지가 들어 있는 물질을 연료라고 한단다. 그러니까 연료는 휘발유도 될 수 있고, 음식물도 될 수 있지.

멀뚱이 : 박사님, 밥을 먹고 나서 배가 든든한 건 연료가 가득 차서 그런

건가요?

내멋대로 박사 : 하하! 재미있는 비유로구나.

멀뚱이 : 그럼 에너지는 무엇인가요? 제가 아침마다 부족한 게 그것인가요?

내멋대로 박사 : 에너지는 일을 할 수 있는 능력이란다.

멀뚱이 : 선생님은 제게 그런 능력이 없다고 하는데요?

내멋대로 박사 : 나 같은 과학자는 '일'을 물체에 힘이 작용해 일정한 거리를 움직이는 거라고 정의하지. 때로는 물체를 가열하는 것도 일이라고 해.

멀뚱이 : 그렇다면 제가 침대에 가만히 누워서 에너지를 전혀 사용하지 않으면, 일을 전혀 안 하는 거네요?

내멋대로 박사 : 그렇지!

멀뚱이 : 우리 아빠는 늘 에너지를 절약해야 한다고 말해요. 박사님, 제가 학교를 가지 않으면 에너지를 절약할 수 있을 것 같아요.

내멋대로 박사 : 음…….

멀뚱이 : 이제 초콜릿을 먹어야겠어요. 제게 연료 위기가 닥쳐온 것 같아요!

내멋대로 박사 : 이런!

지구를 먹어치우는 기계는 장작, 석탄, 석유, 천연가스 등의 연료에서 에너지를 얻는다. 연료를 태우면 열이 나오고, 열은 터빈을 돌려 전기를 생산하거나 기계를 돌려 일을 하게 한다.

자, 그럼 여러분은 연료와 에너지에 대해 얼마나 많이 알고 있는지 간단한 테스트를 해 보자.

연료와 에너지에 관한 깜짝 퀴즈

아래에 나오는 연료들이 어디서 만들어졌는지 서로 짝짓기만 하면 된다. 주의할 게 있다. 보기 중 하나는 감기에 걸린 바이러스만큼이나 아무 짝에도 쓸모가 없다.

연료:

1. 장작
2. 천연가스
3. 석유
4. 석탄

보기:

a) 소의 창자

b) 공룡 시대에 살던 작은 해양 생물

c) 죽은 물고기

d) 약 3억 년 전에 살았던 속새류라는 거대한 식물. 3억 년 전이라면 공룡보다 훨씬 오래 전에 살았고, 심지어 화석과 비슷해 보이는 교장 선생님보다도 훨씬 오래 전에 산 셈이다.

e) 나무

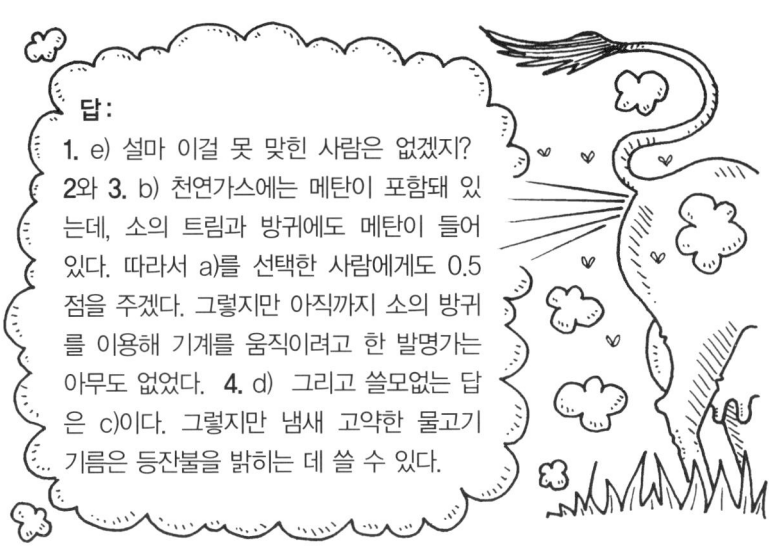

답:
1. e) 설마 이걸 못 맞힌 사람은 없겠지?
2와 3. b) 천연가스에는 메탄이 포함돼 있는데, 소의 트림과 방귀에도 메탄이 들어 있다. 따라서 a)를 선택한 사람에게도 0.5점을 주겠다. 그렇지만 아직까지 소의 방귀를 이용해 기계를 움직이려고 한 발명가는 아무도 없었다. 4. d) 그리고 쓸모없는 답은 c)이다. 그렇지만 냄새 고약한 물고기 기름은 등잔불을 밝히는 데 쓸 수 있다.

이번에는 뜨거운 문제를 다룰 차례이다. 여러분이 휘발유건 성적표건 어떤 물질을 태울 때마다 오염 물질이 발생한다. 오염 물질에는 건강에 좋지 않은 물질이 포함돼 있다. 따라서 담배 연기이건 자동차 배기가스이건 낙타 똥을 태우는 모닥불이건, 어쨌든 연기를 들이마시는 것은 좋지 않다. 사람들은 아주 오래 전부터 여러 가지 물질을 꾸준히 태워 왔다. 음, 그러면 그 역사를 잠깐 살펴볼까? 그 동안 숨을 꾹 참는 게 좋을 것이다. 연기가 아주 많이 날 테니까.

사람이 물질을 태워 오염 물질을 배출해 온 역사
100만 년 전 우리의 조상들이 불을 피워 음식물을 익히기 시작했다. 그리고 20분 뒤에는 식사거리를 새카맣게 태우고, 욕지거리를 발명했다.

2만 년 전 오늘날의 러시아와 폴란드 지역에 살던 사람들이 매머드 뼈를 태웠다. 나무를 구하기 힘들어 땔감 대신에 사용했던 것 같다.

1306년 영국 왕 에드워드 1세는 공장과 작업장에서 뿜어 나오는 연기 냄새가 싫었다. 그래서 그 냄새를 내뿜지 못하게 하려고 칙령을 발표했지만, 아무도 신경 쓰지 않았다.

17세기 사람들이 석탄을 더 많이 때기 시작했고, 높은 굴뚝을 청소하는 일은 몸집이 작은 어린이들이 맡았다. 고소공포증이 있는 어린이는 그 시대에 살기가 힘들었을 것이다.

19세기 석탄으로 증기 기관을 움직여 공장을 돌아가게 했다. 어린이는 공장에서 기계에 매달려 하루에 12시간씩 일해야 했다.

1859년 미국 펜실베이니아 주에서 에드워드 드레이크가 석유를 파냈다. 이렇게 얻은 석유는 주로 램프용 등유로 사용했다. 오늘날 등유는 제트 기관을 움직이는 데 쓰인다.

1879~1880년 런던은 오염이 너무 심해 일 년 중 네 달은 시커먼 연기 같은 안개가 끼었다. 이 안개는 훗날 스모그라 부르게 된다.

1952년 런던 시민들이 짙게 낀 노란색 안개 때문에 캑캑거렸다. 이 때문에 일어난 교통사고로 수백 명이 사망했다. 스모그는 습기와 섞이면 산성 물질이 되어 폐를 손상시킨다.
이로 인해 런던 시민 수천 명이 폐 질환으로 사망했다.

1970년대 햇빛이 가솔린과 자동차 배기가스에 작용해 생긴 스모그가 로스앤젤레스를 짙게 뒤덮었다.

2008년 매년 오염된 공기 때문에 수백만 명이 죽어 간다.

이제 숨을 쉬어도 좋다. 그렇지만 1분 동안뿐이다. 그 다음에는 지구에서 가장 오염이 심한 곳을 찾아갈 테니까.

5. 정유 공장은 100가지가 넘는 해로운 물질을 내뿜어 공기와 물을 오염시킨다.

6. 자동차 배기가스에 들어있는 해로운 입자들은 심장병과 호흡 곤란을 일으켜 사람을 죽게 할 수 있다.

7. 발전소, 자동차 엔진, 공장 등에서 연료를 태울 때마다 이산화탄소가 발생한다. 이 으스스한 기체에 관한 이야기는 다음 장에서 자세히 알아보기로 하자.

나도 과학자가 될 수 있을까?

미국 로스앤젤레스의 과학자들은 교통량이 많은 도로 근처에 대형 트레일러를 몇 주일 동안 세워 놓고 자동차 배기가스에 섞인 입자들이 건강에 미치는 영향을 시험해 보았다. 이 배기가스를 들이마신 실험 대상은 누구였을까?

a) 다른 과학자들   b) 생쥐
c) 자신의 자녀들

답: b) 과학자에 바로 영향을 받지는 않지만 배기가스 속에 든 작은 입자들이 암을 일으킬 수도 있다. 또 나이에 더 오래 배출되는 배기가스도 매우 위험하다.

아주 나쁜 상황

대기 오염이 이렇게 나쁜 결과를 초래하고 연료 또한 바닥나고 있다면, 지금쯤 산업계 지도자들과 정부는 틀림없이 연료를 덜 사용하도록 뭔가 조처를 취하고 있겠지? 분별이 있는 사람이라면 누구나 그렇게 생각할 것이다. 그런데 실상은 그렇지 않다. 우리는 과거 그 어느 때보다 더 많은 연료를 사용하고 있다!

무분별하고 무모하고 몰지각한 이런 행동이 계속되는 이유는 우리가 이미 연료, 특히 석유에 깊이 중독되어 석유가 없으면 살아갈 수 없기 때문이다. 그것을 직접 눈으로 확인하기 위해 자연 다큐멘터리 진행자로 유명한 설레발 씨의 집을 방문해 보자. 설레발 씨는 자기보다 조금 더 똑똑한 애완 원숭이 미키와 함께 살고 있다.

설레발 씨의 욕실

그런데 만약 세상에 석유가 없다면, 설레발 씨의 욕실은 어떻게 될까?

1. 샤워 커튼이 있을 수 없다. 샤워 커튼은 플라스틱으로 만든다. 알몸은 알아서 잘 가려라.

2. 샴푸도 방향제도 샤워 젤도 없다. 이걸 담은 플라스틱 용기를 만드는 데에도 석유가 필요하니까. 이 역시 수단과 방법

을 가리지 않고 알아서 깨끗이 씻어야 한다. 플라스틱이 없는 삶이란 이처럼 아주 삭막할 것이다.

3. 페인트도 없다. 역시 석유가 주요 재료이다. 욕실 벽을 예쁜 색깔로 칠할 수 없다. 아름다운 욕실을 좋아하는 사람에게는 아주 절망적인 상황이다.

4. 난방이나 전기 조명도 없다. 따뜻한 물로 샤워하는 건 꿈도 꾸지 마라! 석유를 연료로 사용하는 발전소가 돌아가지 않으니까 추운 겨울에도 냉수 샤워로 만족해야 한다. 전기 조명이 없으니 어두워지면 아주 불편하다. 이런 상황에선 일찍 자는 게 상책이다.

5. 두루마리 화장지도 없다. 에너지가 없으면 종이를 만들 수 없고, 연료가 없으면 트럭이 물건을 실어 나를 수도 없다. 옛날처럼 신문지나 나뭇잎을 써야 할지도 모른다. 부드러워질 때까지 잘 비벼 쓰도록!

6. 플라스틱 욕조나 샤워기도 없다. 하루의 피로를 푸는 반신욕은 생각도 할 수 없다. 어쩌면 샤워 자체를 연례 행사로 치르게 될 수도 있다.

7. 물론 플라스틱 오리도 없다. 장난감 오리는 더 이상 존재하지 않는다. 진짜 오리나 키워라. 그렇게 되면 좀 많이 시끄러울지도 모른다. 오리 녀석들이 시도 때도 없이 울어대더라도 어쩔 수가 없다.

1. 1999년에서 2004년 사이에 항공기 운항 횟수는 120%나 증가했다. 2030년까지는 세 배로 늘어날 것으로 보인다.

2. 전 세계의 석유 소비량은 1년에 약 40억 톤이나 된다.

3. 컴퓨터에서부터 디지털 귀지 제거기에 이르기까지 전 세계에서 소비되는 전기 제품의 양은 매년 늘어나고 있다. 전기 제품은 전기가 있어야 돌아가기 때문에, 발전소를 더 많이 지어야 한다.

4. 게다가 자동차 소비도 점점 늘어나고 있다. 1960년대에 미국에서 달리는 자동차는 약 7000만 대였는데, 2008년에는 2억 대를 넘어섰다. 미국의 운전자들은 하루 평균 65km를 달린다. 모든 사람이 달리는 거리를 다 합치면 무려 175억 km나 된다.

5. 집도 이전보다 더 커지고 실내 온도도 더 높아졌다. 따라서 더 많은 에너지가 필요하다.

6. 걸어다니거나 자전거를 이용하는 사람이 줄어들고 있는데, 거리가 너무 시끄럽고 지저분하고 냄새가 나고 위험하기 때문이다.

2008년에 전 세계에는 오염 물질을 펑펑 뿜어 내는 거대 발전소가 5000개 이상 있고, 역시 오염 물질을 마구 뿜어 대는 거대 산업 단지가 3000군데 이상 돌아가고 있다. 하지만 그 수는 계속 늘어날 것으로 보인다. 그런데 늘 에너지를 달라고 아우성치면서 석탄과 나무와 석유를 마구마구 삼키는, 지구를 먹어 치우는 기계는 고약한 냄새를 풍기고 해로운 물질을 내뿜기만 하는 게 아니다. 그것보다 더욱 오싹한 짓도 저지르고 있는데,

그것은 바로 기후를 변화시키는 것이다. 공기 중에 숨어서 수상한 짓을 저지르는 것이 있는데, 여러분이 그 정체를 알고 나면 아마 간이 철렁할걸!

미친 듯한 기후

지구를 먹어치우는 기계(다른 말로는 전 세계의 농업과 산업과 운송)는 광물과 연료를 게걸스럽게 먹어치우면서 오염 물질과 쓰레기와 독성 폐기물을 내뿜고 있다. 연료는 점점 바닥나고 있지만 아직도 많은 양이 남아 있어서 지구를 점점 뜨겁게 만들고 있다.

몇 가지 용어 정리

날씨 : 우리가 매일 경험하는 햇빛, 비, 눈, 구름 또는 안개 등의 상태.

기후 : 여러 해에 걸쳐 나타나는 평균적인 날씨이다.

대기 : 지구를 둘러싸고 있는 공기층이다. 그 중에는 공포의 온실 기체도 들어 있다. 하늘은 아주 거대해 보이지만, 대기는 그다지 두껍지 않다. 자동차를 몰고 하늘로 곧장 달려간다면 10분 만에 대기권 밖으로 나갈 수 있다. 지구가 축구공만 하다면 대기의 두께는 그 위에 바른 페인트칠 정도밖에 안 된다는 사실.

온실 효과 : 대기 중의 일부 기체가 대기의 온도를 데우는 효과를 말한다. 이들 기체가 지구 밖으로 빠져 나가려는 열을 온실 유리처럼 못 나가게 붙드는 효과가 있기 때문에 이런 이름이 붙었다.

지구 온난화 : 온실 효과 때문에 지구의 평균 기온이 꾸준히 올라가는 현상이다. 음식을 계속 많이 먹으면 살이 꾸준히 찌는 것과 같다.

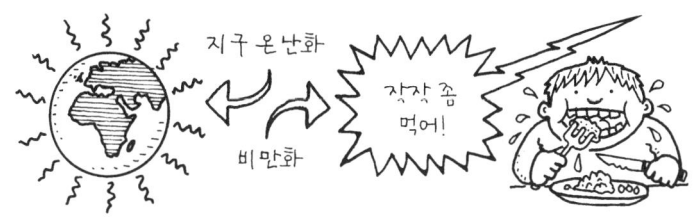

선생님을 골려 주는 질문

교무실 문을 가볍게 두드리고 나서, 선생님이 문을 열거든 환하게 미소를 지으면서 정중한 태도로 물어 보라.

답:

산업혁명이 일어난 뒤로 대기 중의 이산화탄소 함유량은 0.00000004%만큼 늘었을 뿐이다. 그렇지만 지구가 온난화될 때문에 지구의 자전 속도가 빨라지고 있다. 그 속도는 점점 빨라서, 마치가 지나는 동안 높은 산과 깊은 바다의 온도 차는 거의 사라질 정도이다. 이 온난화 때문에 지구의 자전 속도가 100년에 0.0023초씩 높아졌다. 그러므로 하루의 길이는 삼천만년이 지나면 줄어들 것이다. 오늘날 이 사실을 뼈저리게 느끼는 사람이 있으니, 바로 늙으신 어머니와 할아버지, 할머니이다. 옛날 하루 길이에 익숙한 그 분들은 오늘날의 하루가 짧게 느껴지는 것이다. 풀어 말하면, 지구의 자전 속도가 100년에 0.0013초만큼 종이로.

초기 값에서부터 계산해볼 것이다. 그러니 볼 시 쏟지, 100년 동안 기다려서라도 상승량이 0.0013도 정도 이야말로 공기 내부 굴절율 종은량이 뜰릴

그렇지만 여러분은 따분한 과학자들이나 하는 그런 계산에는 하품이 나올 것이다. 그러니 지금 당장 지구 온난화를 일으키고 있는 온실 기체 갱단을 만나 보기로 하자.

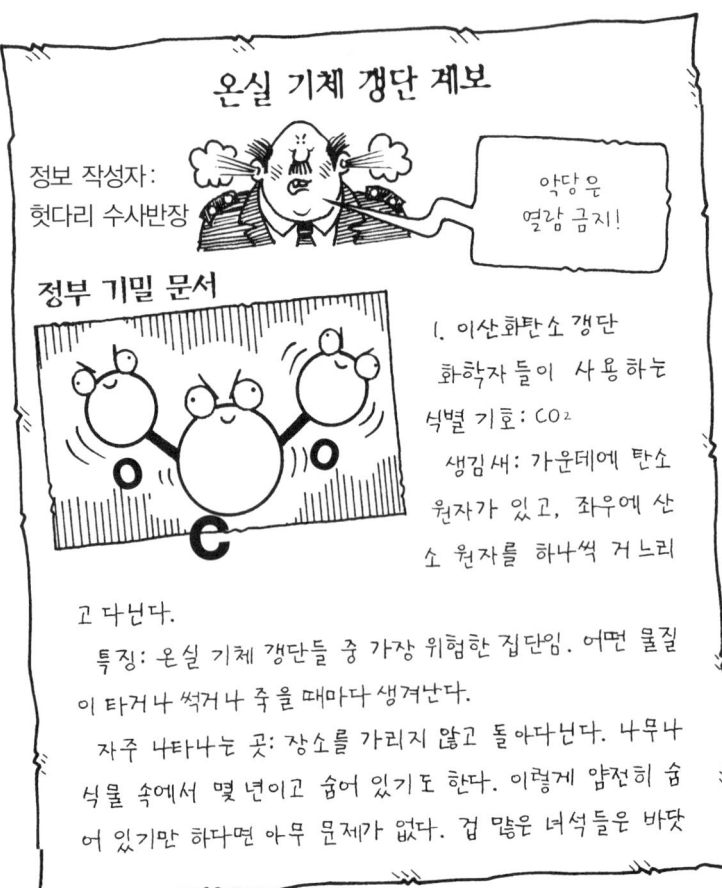

물 속에 숨기도 한다.

범행 수법: 바다나 식물에서 빠져 나오면 공기 중으로 들어가 약 100년 동안 머문다. 전체 지구 온난화 효과 중 40% 이상이 이 녀석들 때문에 일어난다.

위험 수준: 사람의 건강에 아주 해롭다. 전문가의 의견에 따르면 이산화탄소는 공기 중에서 산소를 쫓아 내 우리를 질식시킬 수 있다. 그러니 될 수 있으면 이 무시무시한 갱단은 마주치지 않는 게 좋다. 그렇지만 사람이나 동물은 에너지를 만드는 과정에서 생기는 이 부산물을 숨을 통해 내뿜기 때문에 이산화탄소를 피하기란 무척 어렵다.

내 참! 따뜻하게 해 주면 고마워할 것이지!

2. 메탄 갱단

식별 기호: CH₄

생김새: 정말 흉악한 악당처럼 생기지 않았는가?

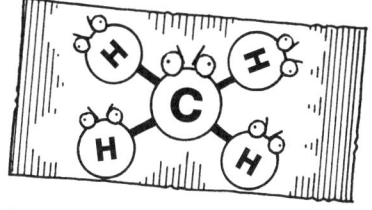

가운데에 탄소 원자가 있고, 팔과 다리에 수소 원자를 각각 하나씩 거느리고 다닌다.

특징: 화석 연료를 채굴하는 곳이나 논, 쓰레기 매립지에 자주 출몰한다. 그리고 몰래 공기 중으로 들어가 나쁜 짓을 저지른다.

자주 나타나는 곳: 썩는 물질이 있는 곳. 정말 지독한 녀석들이다! 동물과 흰개미의 창자 속에도 나타나는데, 거기서는 미

생물이 메탄을 만들어 낸다. 내가 열심히 조사한 결과에 따르면, 소는 트림과 방귀를 통해 하루에 메탄을 약 200리터나 내뿜는다. 양은 30리터, 사람은 100밀리리터로 조사되었다. 아, 물론 개인에 따라 좀 더 많이 내뿜는 사람도 있다.

경찰 정보부의 보고서에 따르면, 막대한 양의 메탄이 바다 밑에 '메탄 하이드레이트'라는 얼음 형태로 묻혀 있다고 한다. 또 북극 지방의 얼어붙은 땅 밑에도 엄청난 양의 메탄이 숨어 있다고 한다.

범행 수법: 전체 지구 온난화 효과 중 약 9%를 메탄이 일으키는 것으로 밝혀졌다. 다행히도 메탄은 이산화탄소 보다는 양이 훨씬 적으며, 공기 중에 머무는 기간도 8년 정도밖에 안 된다.

위험 수준: 이산화탄소 갱단과 마찬가지로 메탄 갱단도 공기 중에서 산소를 밀어 내 우리가 숨쉬는 것을 방해한다. 사람들은 썩어 가는 쓰레기 근처에서 킁킁거리지 않는 게 좋다. 또 메탄 가스는 폭발성이 있으므로, 소 엉덩이 뒤에서 불을 피우지 않도록 조심하라!

3. 일산화이질소(일명 아산화질소) 갱단

식별기호: N_2O

별명: 웃음 가스, 이 기체를 마시면 참지 못하고 웃음

이 나온다고 해서.

생김새: 산소 원자 하나와 질소 원자 2개가 나란히 짝을 이룬 패거리이다. 이들은 정말로 위험한 결합이라고 할 수 있다.

특징: 나일론 제조 산업이나 질소 비료를 사용하는 농사 때문에 생겨나는 것으로 알려져 있음. 번개가 칠 때에도 생긴다고 함.

범행 수법: 분자끼리 일대일로 맞짱을 뜬다면, 지구 온난화 효과는 이산화탄소보다 300배나 강하다. 일단 공기 중에 들어오면 약 100년 동안이나 머문다. 그 양이 이산화탄소에 비해 아주 적다는 게 천만 다행이다.

위험 수준: 나름대로 사회에 기여도 하는 좀 특이한 악당이다. 병원에서 환자의 고통을 줄이는 데 도움을 준다.

4. 그 밖의 온실 기체 갱단들

온실 기체 갱단에는 거대 조직뿐만 아니라 소규모 갱단도 있다. 모두 사회에 잘 적응하지 못하고 문제를 일으키는 녀석들이다.

오존(O_3)

산소 원자 셋이 똘똘 뭉쳐 다니면서 사고를 치는 난폭한 녀석들이다. 그런데 오존은 장소에 따라 좋은 오존이 되기도 하고 나쁜 오존이 되기도 한다. 대기권 높은 곳에서는 태양에서 날아오는 해로운 자외선을 막아 주는 좋은 일을 한다. 그렇지만

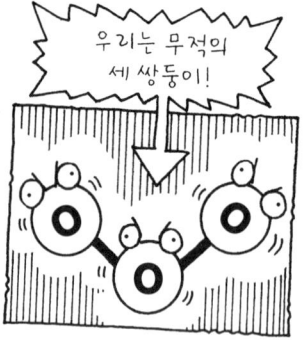

낮은 곳에서는 온실 효과를 일으키는 나쁜 일을 한다. 지표면 근처에서는 자동차 배기가스가 햇빛과 반응할 때 생겨나는데, 오존은 호흡 곤란을 일으킬 수 있다.

수소화불화탄소(HFC), 과불화탄소(PFC), 육불화황(SFC)

이 난폭한 반사회적 악당들은 냉장고의 냉매 및 헤어스프레이나 에어로졸 살충제의 분사 기체로 사용된다. 나처럼 머리를 늘 짧게 깎고, 전통적인 방법으로 파리를 탁 때려 잡으면 이런 악당들이 사회에서 날뛰는 일이 없을 텐데……

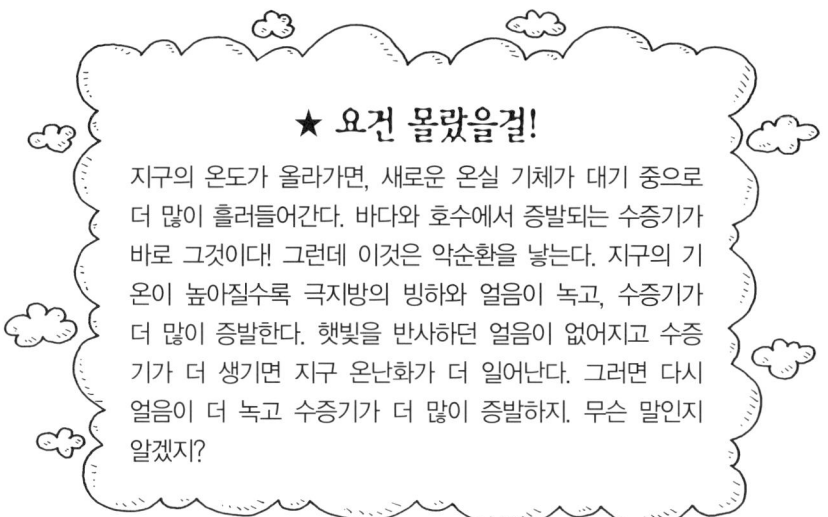

★ 요건 몰랐을걸!

지구의 온도가 올라가면, 새로운 온실 기체가 대기 중으로 더 많이 흘러들어간다. 바다와 호수에서 증발되는 수증기가 바로 그것이다! 그런데 이것은 악순환을 낳는다. 지구의 기온이 높아질수록 극지방의 빙하와 얼음이 녹고, 수증기가 더 많이 증발한다. 햇빛을 반사하던 얼음이 없어지고 수증기가 더 생기면 지구 온난화가 더 일어난다. 그러면 다시 얼음이 더 녹고 수증기가 더 많이 증발하지. 무슨 말인지 알겠지?

헛다리 수사반장이 이산화탄소의 위험에 대해 경고한 것은 옳았다. 공기 중에서 이산화탄소가 차지하는 비율이 10%를 넘으면 우리는 숨을 제대로 쉬지 못해 죽고 만다. 다행히도 현재 이산화탄소의 농도는 0.04%에 불과하다. 그러나 이산화탄소가 위험하다는 사실은 이미 1986년에 일어난 끔찍한 사고로 입증되었다. 아프리카 카메룬의 니오스 호수 근처에는 수천 명의 주민이 살고 있었다. 그런데 그 평화로운 호수가 밤 사이에 공포의 살인마로 변할 줄은 아무도 몰랐다.

니오스 호수는 사화산의 화구에 물이 고인 화구호이다. 그런데 어두운 색의 음산한 물속 깊은 곳에는 화산에서 뿜어 나온 이산화탄소가 높은 수압에 짓눌려 고여 있었다. 그러니까 여러분이 즐겨 마시는 탄산 음료수 속에 녹아 있는 이산화탄소처럼. 그런데 그 날 밤, 뭔가가 호수를 뒤흔들었다. 그 원인은 과학자들도 잘 모른다. 그러자 이산화탄소 기체 거품이 수면 위로 솟아올라 소리도 없이 인근 마을을 덮쳤다. 하룻밤 사이에 1200여 명이 잠자다가 그대로 죽고 말았다. 다음 날 발견된 그들의 시체는 온몸이 물집으로 뒤덮여 있었는데, 산소 부족으로 혈관이 손상되었기 때문이다.

이산화탄소에 대해서 좀 더 자세히 알아볼 필요가 있다. 전문가들이 지구 온난화에 대해 이야기할 때 침을 튀겨 가며 열변을 토하는 대상이 바로 이산화탄소이다. 이산화탄소는 아주 중요한 기체이기 때문에, 지금부터는 온 세상 사람들이 알 수 있는 기호인 CO_2로 부르기로 하겠다. CO_2가 갑자기 이렇게 유명해진 이유는 오늘날 문제가 되고 있는 지구 온난화의 주범이 바로 우리가 대기 중으로 뿜어 내고 있는 CO_2이기 때문이다. 따라서 우리가 뿜어 내는 CO_2를 줄이기만 하면 지구 온난화 문제를 해결할 수 있다.

오늘날 우리는 이전의 어느 시기보다 CO_2를 더 많이 대기 중으로 내보내고 있다. 대기 중의 CO_2는 매년 약 260억 톤씩 증가하고 있다. 쉽게 말하면, 한 사람당 매년 약 4톤을 뿜어 내고 있는 셈이다.

물론 모든 사람이 그만큼 많은 CO_2를 내뿜는 것은 아니다. 가난한 나라 사람들은 CO_2를 적게 내뿜는 반면, 부자 나라 사람들은 훨씬 많이 내뿜는다.

왜 그런지 궁금하지? 그럼 다시 매연 도시로 돌아가서 고질라 가족을 만나 보자. 이들은 다른 사람들보다 지구 온난화를 악화시키는 데 더 큰 몫을 담당하고 있다. 어떻게 하길래 그러는지 한번 볼까?

고질라 가족

고질라 씨   뺀질이   얌통이   고질라 씨 부인

고질라 가족은 부자 나라의 일반 가정과 마찬가지 방법으로 온실 기체를 배출한다. 차이점이 있다면, 훨씬 더 많이 배출한다는 것!

1. 자동차  고질라 가족은 자동차가 9대나 있다! 한 대는 고질라 씨 것, 또 한 대는 고질라 씨 부인 것, 나머지 7대는 요일별로 대기하고 있는 예비 차량이다. 이 자동차들은 가솔린 1리터로 1km를 달린다. 고질라 가족은 밖에 나갈 때에는 항상 자동차를 타고 다닌다. 심지어 길 건너 우체국에 갈 때조차도!

2. 집 – 방이 42개나 되는 저택은 한겨울에도 난방을 최대한 하기 때문에 실내에 있으면 땀이 날 정도이다. 너무 더워서 못 견딜 것 같으면, 난방 스위치를 끄는 게 아니라 창문을 연다. 여름에는 하루 종일 에어컨을 세게 켜 놓으며, 너무 추워서 못 견딜 것 같으면 역시 창문을 연다! 이 때문에 전기와 가스를 엄청나게 많이 사용하며, 결과적으로 많은 CO_2를 내뿜는다. 한편, 아들과 딸인 뺀질이와 얌통이는 쓰지 않을 때에도 불과 전기 도구를 누가 끄지 않고 내버려 두는지 경쟁을 벌인다.

3. 휴일 – 고질라 가족은 비행기를 타고 외국의 해변으로 놀러 가는 것을 무엇보다도 좋아한다. 이들이 탄 비행기는 한 사람당 4톤의 온실 기체를 내뿜는다. 그리고 비행기 구름은 지구에서 빠져 나가려는 열을 붙든다.

4. 일 – 고질라 씨는 슈퍼마켓 사장이다. 그는 항상 밝은 조명과 성능 좋은 에어컨과 시원한 사무실을 아주 자랑스럽게 여긴다. 영업이 끝나 문을 닫은 뒤에도 전기 조명과 에어컨을 계속 켜 놓는다. 이렇게 에너지를 낭비하면서 많은 양의 CO_2를 내뿜는다. 고질라 씨 부인은 사무실에서 일하는데, 필요하지 않을 때에도 사무실의 모든 기기를 켜 놓고 일을 한다.

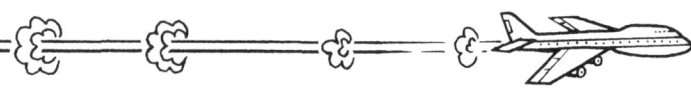

5. 음식 – 고질라 가족은 먹는 것을 너무너무 좋아한다! 특히 포장이 많이 된 패스트푸드를 즐긴다. 포장 재료는 지구 온난화를 부추긴다. 만드는 데에도 에너지가 필요한데 이때 CO_2가 생긴다. 포장지가 쓰레기 매립지에서 썩을 때에도 CO_2와 메탄이 나오기 때문이다. 슈퍼마켓에서 파는 즉석 식품은 에너지와 포장 재료가 많이 든다.

고질라 가족은 매일 고기를 먹는다. 고질라 가족을 먹이려고 키우는 그 동물들이 배출하는 CO_2와 메탄은 또 얼마나 많을지 생각해 보라!

고질라 씨 부인은 건강을 위해 가족에게 신선한 야채와 과일을 많이 먹어야 한다고 강조한다. 그런데 야채와 과일은 고질라 씨의 슈퍼마켓에서 가져온 것이고, 그것은 또 수천 km 밖에서 운송돼 온 것이다. 운송 과정에서도 엄청난 양의 온실 기체가 발생한다.

부자 나라일수록 먼 곳에서 운반해 온 야채와 과일을 많이 먹는다. 다음 번에 슈퍼마켓에 갈 기회가 있거든 공책을 가져가 각각의 야채와 과일이 어디에서 온 건지 한번 적어 보라. 틀림없이 그 중 상당수는 아주 먼 곳에서 운반돼 와 도중에 많은 양의 CO_2를 내뿜었을 것이다. 설사 국내에서 생산된 야채와 과일이라 하더라도, 포장 공장으로 실어 갔다가 다시 슈퍼마켓까지 실어 오느라 수백 km를 이동했을 것이다.

★ 요건 몰랐을걸!

2002년, 영국의 한 슈퍼마켓에서는 아프리카 케냐에서 재배한 야채를 영국에서 재배한 양파와 묶어서 팔았다. 그런데 양파는 야채와 함께 묶느라 케냐까지 날아갔다가 다시 영국으로 돌아왔기 때문에 1만 3600km를 이동했다. 아마 다른 야채 친구들은 실컷 비행기 여행을 한 양파를 부러워하겠지?

이런 형편이니 우리가 CO_2 문제로 고민을 하지 않을 수가 있겠는가?

그런데 사실은 자연적으로도 많은 양의 CO_2가 생겨난다. 예를 들면, 흙 속의 미생물도 CO_2를 내뿜는다. 그렇지만 식물이 상당량의 CO_2를 흡수하여 처리하기 때문에 자연적으로 생겨나는 CO_2는 지구에 큰 문제가 되지 않는다. 게다가, 약간의 지구 온난화는 우리에게 이롭다. 지구가 우리가 살아가기에 쾌적한 온도를 유지하는 것도 온실 기체가 지구를 따뜻하게 해 주기 때문이다. 만일 온실 효과가 없다면, 지구의 평균 기온은 뚝 떨어져서 여러분의 방은 냉동실 속처럼 추울 것이다. 그러나 지구는 지구를 먹어치우는 기계가 내뿜는 여분의 온실 기체까지 처리할 여력은 없다.

그럼 온실 기체가 지구를 어떻게 따뜻하게 하는지 알아볼까? 내멋대로 박사가 멍뚱이에게 그 원리를 설명해 주려고 노력하고 있다. 글쎄, 내 생각엔 성냥 한 통으로 남극 대륙을 녹이는 것이 더 쉬울 것 같은데.

멍청한 어린이를 위한 지구 온난화 강의

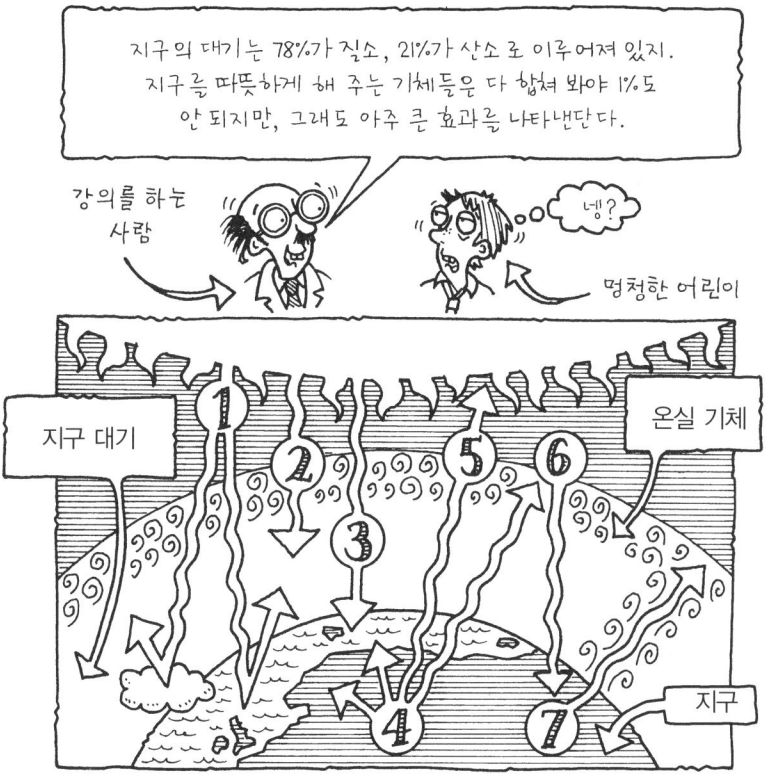

1. 지구에 도달하는 햇빛 중 30%는 구름과 먼지와 바다와 얼음에 반사돼 도로 우주로 나간다.

2. 20%는 대기 중의 기체에 흡수된다.

3. 50%는 육지와 바다에 흡수된다.

4. 지구는 흡수한 열 중 일부를 적외선 복사로 방출한다. 적외선은 우리가 열로 느끼는 복사이다.

5. 일부 열은 우주로 빠져 나간다.

6. 일부 열은 대기 중의 온실 기체에 붙들린다. 이렇게 붙들린 열이 지구를 더 따뜻하게 데운다.

7. 지구의 기온이 올라가면, 더 많은 온실 기체와 수증기가 대기 중으로 들어가 지구를 더욱 따뜻하게 만든다.

정말로 섬뜩한 지구 온난화 효과는 이 여분의 열이 지구 주위를 돌아다니기 시작할 때 나타난다. 지구 밖으로 나가서 지구 전체의 모습을 한번 바라볼까?

화살표들이 보이지? 이것들은 기후에 큰 영향을 미치는 바람들과 해류들이다. 날마다 변하는 날씨와 달리 기후는 그다지

큰 변화가 없다. 해마다 세계의 주요 바람과 해류는 거의 같은 형태로 움직인다. 그러면서 열을 한 곳에서 다른 곳으로 운반하기 때문에, 사막은 계속 메마른 상태로 남아 있고, 습기 찬 곳은 비가 흠뻑 내려 계속 축축하다. 문제는 여러분 집의 난방 장치와는 달리 기후 기계는 사람들이 자동 온도 조절 장치를 만지는 것을 좋아하지 않는다는 데 있다. 그래서 우리가 온도를 조금 더 올리려고 하면 예측할 수 없는 사건들이 일어난다.

그게 무슨 뜻이냐고? 그러니까 지구 온난화 때문에 어떤 곳에서는 지글지글 끓는 열파가 닥치는가 하면, 어떤 곳에서는 얼음이 많이 녹거나 홍수가 일어난다. 오, 이런! 맹렬한 폭풍을 이야기하는 걸 깜빡했네! 어쨌든 이 책의 나머지 부분에서는 이 끔찍한 기상 이변 현상들에 대해 자세히 알아보기로 하자.

공포의 열파

여러분이 경험한 것 중 가장 더운 때는 언제였는가? 북극 지방의 이글루에 갇혀 살지 않는 한 여러분은 땀을 뻘뻘 흘릴 만큼 더운 경험을 해 본 적이 있을 것이다. 그런데 앞으로는 땀을 더 많이 흘리게 될 가능성이 높다. 왜냐고?

자, 그럼 자신이 주인인지 애완동물인지도 헷갈려하는 어린이에게 열을 설명하려고 하는 내멋대로 박사의 강의를 들어 보자. 차라리 애완동물에게 가르치는 게 낫지 않을까?

멍청한 어린이를 위한 열 강의

열이 뭔가요? 먹는 건가요?

아냐, 멍똥아. 분자를 하나 생각해 봐. 이제 이것을 불 위에 올려놓은 프라이 팬에 넣어 봐. 그럼 분자가 뜨거워지겠지?

그럼 먹는 거 맞네요! 거기에 맛있는 소시지와 달걀을 곁들여 요리하면 딱 좋겠네요.

아냐, 아냐, 아냐! 그러면 분자가 점점 더 빨리 진동하면서 적외선 복사를 방출해. 그게 바로 열이야. 진동하는 분자와 적외선 복사!

그것 참 흥미롭군요, 박사님!

그렇지, 엉? 그렇다고 지금 당장 그 실험을 해 볼 필요는 없어! 가스 레인지에서 물러서, 멍똥아! 내가 말했잖아…. 오, 이런! 당장 119를 불러야겠다.

아, 물론 여러분은 멍청이보다는 훨씬 똑똑하겠지. 그런데 여러분은 열에 대해 멍청이보다 더 많이 알고 있을까? 여러분이 훌륭한 과학자가 될 자질이 있는지 알아보자.

나도 과학자가 될 수 있을까?

18세기에 살았던 찰스 블래그던이란 과학자는 열의 효과를 시험해 보았다. 그는 온도가 105°C나 되는 방 안에 들어가 15분 동안이나 있었다. 개 한 마리와 달걀 몇 개, 스테이크 고기도 함께 가지고 들어갔다. 자, 어떤 일이 일어났을까?

a) 별 일 없었다. 그저 블래그던은 바싹 타 죽고, 눈알은 잘 익은 달걀처럼 딱딱하게 굳었다. 그렇지만 다행히도 개는 살아남아 잘 익은 스테이크 고기를 먹었다.

b) 블래그던은 무사했지만, 개는 바싹 익고 말았다. 그래서 괴짜 과학자는 개를 먹었다.

c) 과학자와 개는 둘 다 무사했지만, 달걀과 스테이크 고기는 딱 알맞게 익었다.

> 답 : c) 개를 땀은 피부에 있는 수분이 증발하면서 몸에서 열기를 빼앗아 가도록 과학자와 개를 시원하게 해주었기 때문이다. 또 주방의 오븐도 마찬가지로 조정은 낮지가 때문이다.

이 이야기를 한 이유는 몸이 아주 뜨거워질 때 어떤 일이 일어나는지 설명하기 위해서다. 우리의 뇌 깊숙한 곳에는 시상하부라는 곳이 있다. 시상하부는 여러 가지 일을 하지만, 혈액의 온도를 감시하는 일도 한다. 만약 온도가 너무 올라가면 피부를 지나가는 혈관에 팽창하라는 명령을 내린다. 피부에 가까운 혈관의 표면적이 늘어나면 피부를 통해 열이 밖으로 잘 빠져 나간다. 또, 더우면 땀을 흘리게 되는데, 땀이 피부에서 증발할 때 많은 열을 빼앗아 간다.

이렇게 우리 몸이 자동 냉각 기능이 있다는 것은 정말 행운이다. 만약 그런 기능이 없다면, 몸이 조금만 더워도 우리는 두통과 정신 혼란으로 괴로워할 것이다. 사실, 몸이 너무 뜨거워지면 땀이 나오지 않게 된다. 피부가 파르스름한 색으로 변하며 구역질이 나고 앞이 보이지 않게 된다. 체온이 $42°C$까지 올라가면 뇌가 손상되기 시작한다. 그리고 $45°C$에 이르면 죽음을 피할 수 없다. 자, 그러면 왜 과학자들이 기후가 따뜻해지는 것에 그렇게 열을 받았는지 알아보기로 하자.

2007년, 과학자들은 제대로 관측을 시작한 이래 가장 더운 해로 기록된 10년 중 8년이 바로 최근 10년 사이에 있었다고 발표했다. 그리고 지난 100년 사이에 지구 평균 기온이 $0.74°C$나 올랐다고 한다. 그 정도면 별것 아닌 것처럼 보일지 모르지만, 지구는 온도 변화에 아주 민감하다. 만약 온도가 $6°C$만 내려가도, 지구는 이렇게 변할 것이다.

그렇다! 다시 빙하기가 찾아오는 것이다. 반대로 온도가 $3°C$

만 올라가도 북극해에 떠다니는 모든 얼음이 다 녹아 버릴 것이다. 북극곰아, 안녕!

그렇지만 기온이 조금 오른다고 해서 반드시 열파(평소보다 훨씬 높은 기온이 오랫동안 계속되는 현상)가 발생하는 것은 아니다. 열파가 발생하려면 아주 큰 도시가 필요하다. 도시는 주변 지역보다 온도가 더 높은데, 도로와 건물이 열을 흡수했다가 밤에 다시 내놓기 때문이다. 그래서 무더운 날씨가 계속될 때 도시 지역은 온도가 쉽게 내려가지 않는다. 과학자들은 이런 현상을 '열섬 효과'라 부른다.

그런데 도시는 점점 뜨거워지기만 하는 게 아니다. 갈수록 점점 커지고 있다! 1900년에는 도시 지역에 사는 인구가 약 2억 5000만 명이었다. 즉, 전체 인구의 약 4분의 1이 도시 지역에 살았다. 그런데 불과 100년 뒤, 전 세계 인구(약 60억 명)의 절반 이상이 도시 지역에 살게 되었다. 게다가, 대도시들은 갈수록 더 커지고 있다. 이런 속도로 가다간 열섬들은 '열대륙'으로 변할지도 모른다!

물론 그 전에도 열파는 발생했다. 1930년대에 미국을 덮친 열파는 토양에 심각한 피해를 입혔는데, 그 이야기는 다음 장에서 자세히 알아보기로 하자. 1896년에는 뉴욕에서 발생한 열파로 617명이 사망했고, 거리에는 죽은 말들이 곳곳에 널려 썩은 냄새를 풍겼다. 왠 말이냐고? 그 당시에는 말이 주요 교통수단이었거든. 오늘날이라면 여기저기 죽은 자동차들이 널려 있겠지? 하하!

그런데 지구 온난화가 점점 심각해지자 열파의 발생 빈도와 강도도 점점 증가하고 있다. 2003년에 유럽에 닥친 열파를 잠깐 살펴볼까? 이 이야기를 읽기 전에 시원한 음료수를 실컷 들이켜는 게 좋을걸!

일간 지구 통신

2003년 7월

오늘의 주요 기사

☀ 계속되는 화창한 날씨 – 아, 이 지겨운 무더위는 언제 끝날까?
☀ 무더위에 알맞은 패션 소개

따끈따끈한 뉴스!

계속되는 화창한 날씨

지구 온난화 덕분에 유럽 사람들은 유례 없이 무더운 여름을 보내고 있다. 수십만 명이 지중해의 해변으로 달려갔지만, 바다도 거대한 목욕탕처럼 뜨겁기만 하다. 한편, 무더운 날씨 때문에 아이스크림과 찬 음료 제품이 불티나게 팔리고 있다.

노인 사망자 급증

폭염 때문에 노인들이 사망하는 사례가 속속 보고되고 있다. 그러니 각 가정에서는 할아버지, 할머니의 건강에 각별히 신경 써야 할 것이다. 나이 든 사람은 젊은이처럼 땀을 많이 흘리지 않는다. 그러니 노인을 차 안에 가둬 놓고 따뜻한 차를 주는 일이 없도록!

달콤오싹 아이스크림

174가지 맛 중에서 마음대로 고르세요!
한 숟가락에 단돈 1유로!
주문은 지금 하고, 핥는 건 나중에!

일간 지구 통신

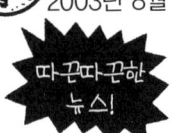
2003년 8월

오늘의 주요 기사
- ☀ 죽음의 열파 – 이 열파에 여러분의 뇌도 바싹 타고 말 것인가?
- ☀ 세계의 종말이 온 것일까?

따끈따끈한 뉴스!

죽음의 열파!

우리는 석쇠 위의 고기처럼 타고 있다! 날마다 계속되는 열파 때문에 모든 것이 지옥처럼 변해 가고 있다. 편집자는 팬티 바람으로 일하고 있고, 컴퓨터는 녹아 내리고 있으며, 사무실의 고양이는 냉장고 속에서 살고 있다. 이보다 더 나쁠 수가 있을까? 물론이다! 냉장고도 고장나고 말았다!

불볕 더위 때문에 자다가 사망하는 사람이 늘어나고 있다. 노인과 어린이, 건강이 나쁜 사람들이 특히 위험하다. 프랑스에서는 이미 1만 3000여 명이 사망했고, 독일과 네덜란드에서도 수천 명이 사망했다. 많은 사람들은 에어컨이 나오는 쇼핑몰에서 살고 있다. 이 때문에 오염 문제가 새로운 위험으로 떠오르고 있다.

자동차에서 나온 오염 물질이 제자리에 머물러 있는 뜨거운 공기 속에 쌓이면서 사람들을 숨막히게 하고 있다. 전문가는 이렇게 말한다. "그것은 에, 에취, 오존 때문입니다. 콜록콜록! 음, 자동차 배기가스에서 나온, 헥헥! 질소 산화물이 햇빛과, 헐떡! 반응해 생기죠. 우욱! 누구, 산소 좀 줘요!"

우리가 이 상황을 얼마나 더 견딜 수 있을지는 알 수 없다. 우리는 지금 당장 다음 번 빙하기가 오길 학수고대하고 있다!

긴급 소식!
파리의 시체 보관소가 열파 희생자로 가득 차는 바람에 이제 시체를 천막에 보관하고 있다고 한다!

달콤오싹 아이스크림
이제 한 가지 맛만 남아 있음! 나머지는 다 팔렸음. 한 숟가락에 단돈 100유로!

이런, 죄송! 다 녹아 버렸네요!

정말로 으스스한 것은 지구 온난화 때문에 이러한 살인 열파가 2년마다 한 번씩 유럽을 덮칠 것이라고 하는 일부 과학자의 전망이다. 다른 지역의 전망도 그다지 밝진 않다. 1995년에 미국 시카고에서는 일주일 동안 폭염이 계속되면서 700명 이상이 사망했다.

자신의 육수 속에서 살이 천천히 익어 가는 것을 즐기는 사람이 아니라면, 이것은 정말로 반갑지 않은 소식이다. 그렇다면 어떻게 해야 할까? 모든 사람을 해변 지역으로 피난 보내야 할까? 그것도 아니면 모든 사람에게 에어컨을 사 주어야 할까? 문제는 이런 방법들은 모두 연료와 에너지를 더 많이 사용하게 되고, 따라서 지구 온난화를 더 악화시킨다는 점이다. 그러니 더 나은 방법을 찾는 게 필요한데, 다행히도 그런 방법이 있는 것 같다!

무더위를 피하는 비법
개인 주택 부문

흙벽집에서 살아 보세요!
영국 웨스트카운티에 있는 이 집들은 벽을 두꺼운 흙으로 만들었습니다. 보기에도 아름다울 뿐만 아니라, 여름에는 실내가 아주 시원해요!

> 주의 사항
> 흙벽은 점토, 밀짚, 동물 털과 똥을 섞어 만든 것입니다. 그렇지만 직접 살아 보기 전에는 비웃지 마세요. 두꺼운 흙벽은 여름에는 바깥의 열기를 막아 주고, 겨울에는 실내 온도를 보온해 줍니다.

흥미로운 동굴집에서 살아 보세요!
인디언이 살던 이 고급스러운 동굴집에서 살아 보는 건 어때요? 아늑하고 그늘진 이 동굴집은 세상 밖으로 나오길 싫어하는 사람들에게 딱입니다!

전통 기술을 활용해 주택 환경을 개선해 보세요!
일본식 미닫이 벽은 집 안으로 시원한 바람을 통하게 해 줍니다. 단, 여러분이 화장실 안에서 일을 볼 때 누가 벽을 스르륵 여는 일이 없어야 할 텐데……

늘 시원한 바람이 씽씽 불지요.

집 안으로 바람을 보내는 통풍 장치를 설치하세요!
파키스탄의 하이데라바드에서 사용하는 이 장치는 시원한 바람을 붙들어 집 안으로 보내 주지요!

생활 습관을 바꿔 보세요!
햇볕이 쨍쨍 내리쬘 때 뭐 하러 힘들게 활동을 하나요? 하루 중 아주 더운 시간에는 낮잠을 즐기세요. 문제가 있다면 시원한 새벽에 일찍 일어나 일을 해야 하고, 또 시원한 저녁에도 늦게까지 일을 해야 한다는 거지요.

쿨쿨쿨…

문제 없어요!

옷으로 열을 차단하세요!
뜨거운 햇볕이 내리쬔다고 함부로 옷을 벗지 마세요! 그러면 오히려 더운 공기가 피부에 직접 닿아 더 뜨거울 뿐만 아니라, 피부가 타서 벗겨질 수도 있어요! 대신에 헐렁하고 가벼운 아랍식 옷을 입으면 피부가 타는 것을 막을 뿐만 아니라 옷 아래로 공기가 통해 시원해요.

★ 요건 몰랐을걸!

낙타가 등에 가장 두꺼운 털이 나 있는 것도 같은 이유 때문이다. 털은 뜨거운 햇볕이 살에 닿지 않게 보호해 주고, 몸을 식히는 데 도움을 준다. 낙타의 털을 깎아 주면, 낙타는 더위를 더 느껴 물을 더 많이 마신다.

더위를 피하기 위한 전통적인 방법들은 실제로 효과가 있다. 20세기에 아프리카와 인도에서 사용한 영국식 방법보다 훨씬 낫다. 그 어리석은 영국식 방법이 어떤 것인지 한번 볼까?

주간 대영 제국 소식

1899년

뜨거운 햇볕을 피하는 방법

알다시피 햇빛에 섞여 있는, 눈에 보이지 않는 광선이 두개골과 척수로 뚫고 들어가 사람들을 미치게 만든다. 이 때문에 외출할 때에는 최신형 햇빛 보호 장비가 꼭 필요하다. 이것은 여러분의 뇌가 끓어 넘치는 것을 예방해 줄 것이다.

- 햇빛을 차단해 주는 모자 위의 금속판
- 햇빛을 추가로 차단해 주는 우산
- 눈을 보호해 주는 고글
- 척수를 보호하기 위해 깃털로 만든 안감을 댄 와이셔츠

킥킥! 저게 뭐람!

"내 뇌가 이보다 더 철저하게 보호받은 적은 일찍이 없었죠. 원주민들이 낄낄거리면서 날 쳐다보고 손가락질을 하는 것은 아마도 샘이 나서 그럴 겁니다."

—아프리카에서, 망둥이 대령

사람을 미치게 만드는 광선은 없다. 오히려 미쳐야만 그런 옷을 입을 수 있었을 것이다. 이 장은 파란 바다와 하얀 모래, 맛있는 코코넛이 널려 있는 곳에서 끝날 테니 여러분은 행운이다.

자, 설레발 씨와 미키가 새로운 자연 다큐멘터리 '설레발의 야생 세계'를 찍는 현장으로 가 보자. 지금 이들은 산호초를 탐사하고 있다. 산호초는 지구의 경이 중 하나로 산호 폴립이라는 아주 작은 동물의 골격이 쌓여 생긴 것이다. 산호 폴립은 조류라고 하는 초록색 미생물과 함께 서로 협력하여 살아간다.

설레발의 야생 모험, 산호초 탐사

따라서 열파는 산호초도 죽이고 있다. 사실, 지구를 먹어치우는 기계는 산호초에 큰 원한이라도 품은 것처럼 보인다. 산호초는 오염과 지나친 어류 남획 때문에 신음하고 있으며, 사람들은 기념품으로 팔려고 산호를 잘라 가고 있다. 그래서 불쌍한 산호 폴립들은 큰 어려움에 처해 있다. 2008년까지 전 세계의 산호초는 16% 이상이 죽어 갔다.

다음 장에서는 다시 건조한 곳으로 돌아가기로 하자. 아주아주 건조한 곳으로.

지긋지긋한 가뭄

"한꺼번에 두 마리 토끼를 쫓지 마라."라는 말을 들어 보았는지? 그러니까 이불 속에서 뒹굴면서 동시에 해변에서 놀 수는 없다는 말이다. 그런데 지구 온난화는 서로 반대되는 두 가지 효과를 동시에 일으킬 수 있다. 불공평하다고? 분명히 그렇다! 그런데…….

선생님을 골려 주는 질문
자, 있는 용기를 모두 긁어모아 교무실 문을 쾅쾅 두드려라. 문이 활짝 열리거든 심호흡을 한 번 하고 나서 선생님에게 이렇게 물어 보라.

아마 대부분의 선생님은 뭐라고 답해야 할지 몰라 당황할 것이다. 말을 더듬을 수도 있고, 난데없이 소리를 버럭버럭 지르며 화를 낼 수도 있다. 운이 좋으면, 뜨거운 차를 황급히 후루룩 마시다가 내뱉는 모습도 볼 수 있을걸? 그 순간, 다음 질문을 던져 결정타를 날린다.

　답은 '그렇다'이다. 여러분이 친절하게 설명을 해 주면, 선생님의 귀에서 김이 모락모락 나는 걸 볼 수 있을지도 모른다. 지구 온난화는 지구를 따뜻하게 하는데, 뜨거운 공기는 식물과 땅에서 수분을 흡수하기 때문에 가뭄이 심해진다. 그렇지만 선생님의 차를 생각해 보라. 열은 물을 증발시켜 수증기로 만든다. 그러면 따뜻한 바다에서 증발한 수증기가 공기 중에 더 많아진다. 따뜻한 수증기는 높이 올라가면서 식어 차가운 물방울로 변해 구름이 된다. 선생님의 안경에 증기가 맺혀 이슬로 변한 것과 같은 원리로. 자, 그럼 그 다음에 무슨 일이 일어날지는 쉽게 짐작할 수 있겠지? 그렇다! 바로 비가 내린다. 그것도 아주 많이!

　그렇다면 지구 온난화는 어떻게 가뭄과 홍수를 동시에 일으킬 수 있을까? 그것은 한 장소에 가뭄과 홍수가 동시에 일어나는 게 아니라, 지역에 따라 가뭄이 일어나는 곳이 있고 홍수가 일어나는 곳이 있기 때문이다. 어쨌든 이것은 다 심술궂은 남자아이 때문이다. 엉, 뭐라고? 여러분의 못된 남동생 이야기가 아니다. 내가 말하는 것은 엘니뇨 현상인데, 엘니뇨는 스페인어로 '남자아이'란 뜻이거든. 바로 이 엘니뇨가 세계 곳곳에 큰 가뭄과 홍수를 가져온다.

으스스한 통계 자료

- 남아메리카의 페루 앞바다는 평소에는 차가운 해류가 흐른다. 이 지역에는 계속 건조한 바람이 불기 때문에 남아메리카 해안 지역은 건조하다.

- 그런데 엘니뇨 현상이 일어나면, 바람의 방향이 바뀌고, 따뜻한 바닷물이 차가운 지역으로 밀려온다.
- 건조한 해안 지역에 비가 많이 내리고 그와 함께 홍수와 산사태가 발생한다. 이것은 다른 기후계에 연쇄 반응을 일으켜 다른 지역에는 심한 가뭄이 일어난다.

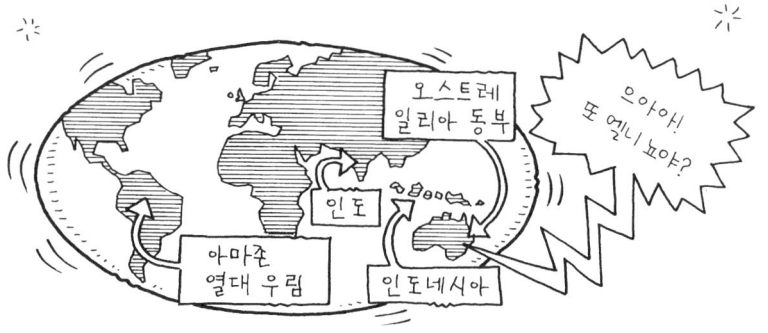

그런데 더 나쁜 소식은 지구 온난화 때문에 엘니뇨 현상이 더 자주 그리고 더 심하게 일어날 수 있다는 사실이다.

가뭄은 농부에게는 악몽과 같다. 가뭄이 닥치면 농작물이 시들어 죽을 뿐만 아니라, 토양마저 말라붙어 푸석푸석한 먼지로 변한다. 그래서 바람이 불면 흙이 멀리 날려간다. 게다가 많은 지역의 농부들은 재배하는 데 물이 많이 필요한 밀 같은 농작물을 심거나 가축을 풀어 풀을 모조리 뜯어먹게 함으로써 말라붙은 토양을 더 황폐하게 만든다. 그 결과 흙먼지 폭풍이 발생한다.

 오늘도 평소와 다름없이 덥고 건조한 날씨가 계속되더라도 여러분은 아무렇지 않게 생각할 것이다. 그러나 여러분이 사막 지역에 산다면 어떨까? 비가 내린 지가 언제인지도 기억이 가물가물하다. 평생 동안 비를 단 한 방울도 구경하지 못했을 수도 있다. 어쨌든 오늘은 비 구경하기는 다 글렀다. 뜨겁고 건조한 바람이 발밑의 먼지를 쓸어 가기 시작한다. 잔모래와 먼지가 얼굴을 따갑게 때린다. 눈이 쓰리고, 피부에 흙이 덕지덕지 붙는다. 갑자기 겁이 더럭 난다. 뭔가 심상치 않은 일이 벌어지고 있는 것 같다. 아무래도 빨리 달아나야겠다고 생각했지만 이미 때가 늦었다. 저 멀리 시커먼 흙먼지 구름이 다가오는 게 보인다. 그것은 천지를 뒤흔들면서 모든 것을 집어삼킬 듯한 기세로 돌진해 온다!

 재채기를 해대면서 입을 꽉 막아 보지만, 흙먼지 구름에 휩싸이자 이제 숨도 쉴 수 없다. 공포에 질린 여러분은 비명을 지르려고 해도 소리가 나오지 않는다. 사방은 온통 누런 먼지로 뒤덮여 캄캄하고 아무것도

보이지 않는다. 들리는 소리라곤 거세게 윙윙거리는 바람 소리뿐이다. 눈, 코, 입으로 흙먼지가 마구 들어온다. 간신히 집 안으로 들어오는 데 성공했다. 집 안도 온통 먼지로 뒤덮여 있다. 손으로 얼굴을 만져 본다. 피부는 몹시 따갑고, 눈 안에는 흙이 잔뜩 들어 있다. 그렇지만 여러분은 운이 좋았다. 밖에서 흙먼지 폭풍을 만나고도 살아남았으니까!

공포의 흙먼지 폭풍

그 재앙은 1930년대에 미국 중서부 지역에 가뭄이 닥치면서 시작되었다. 흙이 바람에 날려가면서 집을 파묻었고, 흙먼지는 치명적인 폐 질환을 일으켰다. 밖에 있던 말들은 도망갈 데가 없어 산 채로 흙먼지에 파묻혀 죽어 갔다. 흙먼지는 미국 동부 지역까지 날아와 쌓였고, 심지어 대통령 집무실의 책상 위에도 내려앉았다.

2000년대에 오스트레일리아에서는 엘니뇨 때문에 일어난 가뭄으로 밀 농사를 완전히 망쳤고, 운 나쁜 양 수백만 마리가 죽어 갔다.

몽골에서는 가축이 풀을 너무 많이 뜯어먹는 바람에 거대한 흙먼지 폭풍이 발생하여 2000년대에 중국 북부 지방을 뒤덮었다.

무엇보다 비극적인 사건은 사하라 사막 남쪽과 동쪽의 아프리카 지역에 계속, 반복적으로 찾아오는 가뭄이다. 이 지역의 가뭄은 엘니뇨와 지나친 방목, 전쟁 때문에 더 악화되어 수백만 명이 굶어 죽는 결과를 낳았다.

★ 요건 몰랐을걸!

1902년에 오스트레일리아에 큰 가뭄이 닥쳤을 때, 클레멘트 래이그라는 과학자가 비를 내리게 하는 묘안을 생각해 냈다. 구름을 향해 큰 대포를 쏘아 작은 소용돌이 바람을 일으키면 그 바람이 수증기를 몰고 올 것이라고 생각했다. 그러나 애석하게도 그의 시도는 약간의 이슬비를 내리게 하는 데 그쳤으며 대포 두 문은 폭발하고 말았다.

늘 그랬던 것처럼 사람들은 가뭄 피해를 줄이려고 최선을 다한다. 그리고 늘 그랬던 것처럼 그런 노력 중 일부는 별 효과가 없다. 농부들은 농경지가 말라붙지 않게 하려고 강물을 끌어온다. 그러나 그렇게 하면 강물이 줄어들어 다른 지역의 가뭄 피해가 커진다. 다음 이야기를 제대로 이해하려면 유머 감각이 아주 뛰어나야 할 것이다.

공포 체험 여행사가 제공하는 아름다운 아랄 해 여행

눈부신 태양과 모래, 그리고 또 모래를 실컷 구경하세요!

- ☀ 아시아에서 가장 큰 호수(음, 한때는 그랬지요) 연안의 백사장을 거닐어 보세요.
- ☀ 물가에서 수 km나 떨어진 육지에 버려져 나뒹굴고 있는 배들을 구경하세요!

 1930년대에 이 곳에서는 목화밭에 물을 대려고 아랄 해로 흘러가던 강의 물줄기를 돌렸다. 그 결과, 오늘날 아랄 해는 절반의 크기로 줄어들고 말았고, 말라붙은 지역은 짠 염분 때문에 황무지로 변했다. 문제는 이것뿐만이 아니다. 강이 여러 나라를 지나갈 경우, 한 나라가 강물을 더 많이 사용하려고 하면 분쟁이 일어날 수 있다.

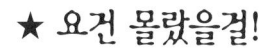

★ 요건 몰랐을걸!

1930년대에 잭 브래드필드라는 오스트레일리아 공학자가 멋진 아이디어를 냈다. 오스트레일리아의 에어 호에 홍수를 일으켜 바다처럼 큰 호수로 만든다는 생각이었다. 그러면 거대한 호수에서 많은 수증기가 증발하여 비가 더 많이 내릴 것이라고 생각한 것! 그러나 전문가들은 이 아이디어를 가치 없는 것이라고 평가했고, 결국 이 아이디어는 사막에 남은 뼈다귀처럼 말라 죽고 말았다.

물 부족 문제에 대처할 수 있는 좀더 현명한 방법이 없을까? 가뭄이 심한 지역에 사는 주민들이 수백 년 전부터 써 온 방법들이 있다.

- **물을 절약한다.** 빗물을 모아 변기에 사용하거나 식물에게 준다. 목욕 물을 그냥 버리지 말고 정원에 뿌린다. 흙에다 용변을 보아 그것을 거름으로 만들어 식물에 쓰면 더 좋다. 그리고 욕조에 들어가 목욕을 하기보다는 샤워를 하는 편이 물을 덜 쓴다.

- **나무를 심어 토양을 보호한다.** 아프리카의 니제르에서는 나무를 2억 그루나 심어 사막화를 막는 데 큰 효과를 보았다. 1900년대에 진다르의 술탄은 나무를 자르는 자는 손을 자르겠다고 발표한 적이 있었다.

- **물이 많이 들지 않는 농작물과 가축을 기른다.** 건조한 환경에서도 잘 자라는 농작물로는 기장, 수수, 병아리콩 등이 있다. 또 물이 많이 필요하지 않은 가축으로는 염소와 일부 품종의 양이 있다. 오, 물론 낙타도 빼놓을 수 없지!

그러나 우리가 가뭄과 사막에 맞서 싸우려고 열심히 노력하고 있을 때, 지구 온난화는 또 다른 문제를 일으키는데, 그것은 바로 불이다. 숲이나 덤불이 건조해지면, 작은 불씨도 큰 화재로 번질 수 있다. 산불은 먼 옛날부터 자연적으로 자주 일어난 사건으로, 새삼스러운 게 아니다. 심지어 오스트레일리아에 자라는 병솔나무 중 일부 종과 미국에 자라는 로지폴소나무처럼 불에 타야만 씨에서 제대로 싹이 트는 식물도 있다. 그러나 엘니뇨 때문에 가뭄이 심해지면서 이전보다 산불이 더 자주 일어나고 있다.

게다가 산불이 더 많이 날수록 더 많은 CO_2가 발생하고, 이것은 지구 온난화를 악화시키고, 그러면 다시 산불이 더 많아지겠지! 우리에겐 시원한 비가 간절하게 필요하다. 오, 마침 뒷장에 비가 쏟아지고 있는 것 같군. 그런데 좀 심하게 내리는 것 같지 않아?

걷잡을 수 없는 홍수와 사나운 폭풍

날마다 전 세계에는 약 3000억 톤의 물이 하늘에서 쏟아지고 있다. 그것은 정말로 엄청난 양이다. 여러분이 목마른 낙타처럼 게걸스럽게 물을 마신다 해도 그걸 다 마시려면 1000만 년이 걸릴 것이다. 그렇다, 따분한 과학자들이 이런 계산까지 다 했다. 정말 할 일도 없지!

그런데 세상은 공평치가 않아 이 물이 모든 장소에 골고루 내리는 것은 아니다. 어떤 장소는 다른 장소보다 비가 더 많이 내린다. 학교 운동회나 소풍, 혹은 휴일에 여행을 떠날 때마다 내리는 비를 이야기하는 게 아니다. 내가 이야기하는 것은 바로 이런 장소를 말한다.

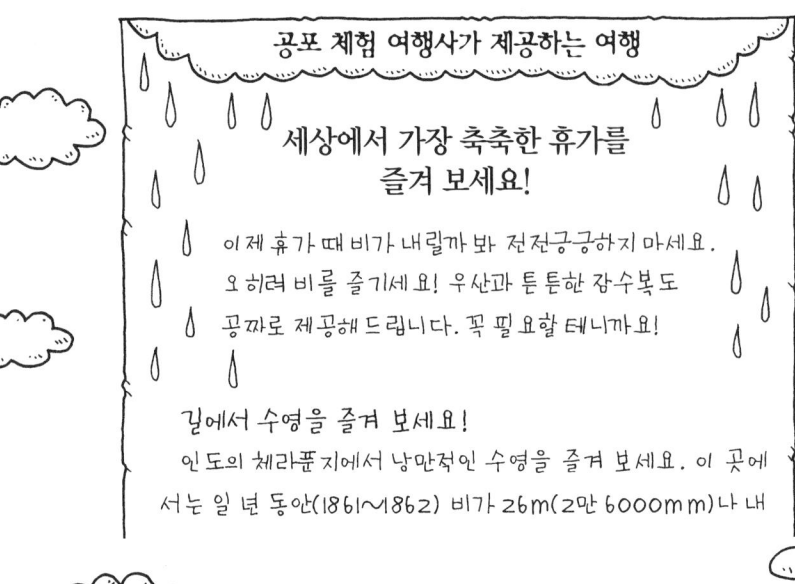

공포 체험 여행사가 제공하는 여행

세상에서 가장 축축한 휴가를 즐겨 보세요!

이제 휴가 때 비가 내릴까 봐 전전긍긍하지 마세요. 오히려 비를 즐기세요! 우산과 튼튼한 잠수복도 공짜로 제공해 드립니다. 꼭 필요할 테니까요!

길에서 수영을 즐겨 보세요!

인도의 체라푼지에서 낭만적인 수영을 즐겨 보세요. 이 곳에서는 일 년 동안(1861~1862) 비가 26m(2만 6000mm)나 내

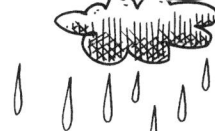

렸답니다. 굳이 해변을 찾아갈 필요 없이 그 자리에서 수영을 즐길 수 있습니다. 얼마나 간편한지 몰라요!

내년에 또 오자고!

소나기의 위력을 생생하게 느껴 보세요!

콜롬비아의 요로는 지난 29년 동안 해마다 비가 13m(1만 3000mm) 이상 내렸답니다. 여기서는 빗방울을 구경하기가 힘들어요. 그야말로 양동이로 물을 들이붓듯이 쏟아지거든요.

하늘에 구멍이 뚫렸나 봐요!

어서 와, 윽!

괜히 비싼 돈 들여 풀장에 갈 필요가 없어요!

인도양의 레위니옹 섬으로 가 보세요. 1952년에 이 곳에서는 단 이틀 동안에 비가 187cm나 쏟아졌어요. 그러니 실내 풀장을 원한다면 그냥 현관 문을 열어 놓으면 돼요!

이제 패션에는 신경 쓰지 않아도 돼요!

아직도 멋진 옷을 사느라 많은 돈을 낭비하나요? 하와이의 카우아이 섬에 있는 와이알레알레 산에 와서 살아 보세요. 이 곳은 일 년 중에 비가 내리지 않는 날이 5일밖에 안 된답니다. 그러니 비옷과 장화만 있으면 돼요.

혹은 팬티만 있음 돼요!

그래도 쥐에 빠진 생쥐처럼 흠뻑 젖어서 감기에 걸리는 건 싫다고? 그렇지만 지구 온난화는 비를 더 많이 몰고 올 것이다. 그것은 엘니뇨 때문이기도 하고, 기온 상승으로 수증기가 더 많이 증발되기 때문이기도 하다. 비가 많이 내리면 그만큼 홍수도 더 자주, 더 심하게 일어날 것이다. 과학자들은 미국과 유럽, 러시아, 남아메리카, 오스트레일리아에서 비나 눈이 10cm 이상 내리는 날이 10~15% 정도 증가했다고 말한다. 오스트레일리아는 강수량이 그렇게 많은 곳이 아닌데도 불구하고 이런 현상이 일어났다. 다시 말해서 기후가 점점 비가 많이 내리는 쪽으로 변해 가고 있다는 뜻이다. 그 비가 가뭄이 심한 지역에 쏟아지지 않는 게 안타깝지만, 지구 온난화는 전지전능한 신이 아니기 때문에 우리의 사정을 봐 주지 않는다.

홍수는 땅이 흡수하거나 강물이 실어나를 수 있는 것보다 더 많은 양의 물이 쏟아질 때 일어난다. 다행히도 자연은 홍수를 막을 수 있는 방법이 여러 가지 있다.

직접 해 보는 실험: 사람들은 어떻게 홍수를 악화시킬까?

준비물:

- 장갑
- 계량컵
- 낡은 접시 2개(혹은 접시 하나를 쓴 뒤에 깨끗이 씻어 다시 써도 된다.)
- 비료 약간. 혹은 고양이용 특수 모래
- 깨끗한 자갈 약간
- 두꺼운 책이나 전화번호부 2권

여러분의 건강을 위한 경고!
고양이의 변기통을 이 실험에 사용하고 싶은 충동이 들더라도 참아 주길! 안 그랬다간 고양이가 여러분에게 오줌을 갈길지 모른다!

실험 방법:

1. 혹시 손에 상처가 있으면 안전하게 밴드를 붙이고 장갑을 낀다.

2. 접시 하나에 비료거나 고양이용 특수 모래를 깐다. 이것을 접시 A라 하자.

3. 다른 접시에는 자갈을 깐다. 이것을 접시 B라 하자.

4. 각각의 접시를 책에다 기대 경사가 지게 한다.

5. 계량컵에 물을 300㎖ 따른다. 이제 그 물을 접시 A 윗부

분에다가 천천히 부으면서 어떤 일이 일어나는지 관찰한다.
6. 접시 B에도 똑같이 한다.

실험 결과:
접시 A 아래쪽에 작은 웅덩이가 생겨났다가 금방 흡수될 것이다. 접시 B는 좀 더 빨리 홍수가 일어날 것이다.

그 이유:
흙은 빗물을 빨아들인다. 한꺼번에 비가 억수같이 쏟아지지 않는다면 흙은 빗물을 더 잘 흡수한다. 그러나 접시 B는 포장도로나 지붕과 같아서 빗물이 그 위로 빨리 흘러간다. 그래서 홍수가 일어나기 쉽다.

여러분도 북극곰과 같은 생각을 했는지 모르겠다. 그러나 우리는 빠른 속도로 열대 우림을 파괴하고 있다는 사실을 잊지 마라. 또, 집을 짓느라 습지도 메우고 있다. 그러면 어떤 결과가 나타날지는 말하지 않아도 짐작할 수 있을 것이다. 홍수가 사람을 죽게 만드는 방법은 여러 가지가 있다.
사람은 참으로 연약하고 가련한 동물이다. 물이 부족해도 죽

고, 물속에 오래 있어도 죽으니 말이다. 그런데 홍수가 발생했을 때 가장 위험한 것은 물이 아니다. 그것은 추위이다. 갑자기 찬물에 몸이 들어가면 그 충격으로 심장마비가 일어나 사망할 수 있다. 심지어 그 충격으로 숨이 막힐 수도 있다.

물은 공기보다 체온을 20배나 더 빨리 냉각시키며, 체온이 내려가면 사람은 얕은 호흡을 빨리 하며 헉헉거리게 되는데, 이때 몸속의 이산화탄소가 지나치게 많이 빠져 나간다. 그러면 혈액 속의 이산화탄소 농도가 낮아져 혈액이 염기성(산성의 반대)으로 변한다. 그 결과 근육이 뻣뻣하게 굳어 움직이지 않게 되는데, 헤엄을 쳐야 하는 상황에서 이것은 치명타가 된다. 설사 추위의 위험에서 벗어난다 하더라도 여전히 위험이 도사리고 있다. 물살에 휩쓸려 바위나 딱딱한 물체에 충돌하여 몸이 부서질 수도 있다.

물이 빠지고 나도 위험이 완전히 사라진 게 아니다. 물은 들어가서는 안 될 곳, 그러니까 전기 장비나 건물 같은 곳에 스며들어 이것들이 완전히 마르는 데에는 몇 달이 걸릴 수도 있다. 그리고 물은 정말로 고약한 습성이 있는데 아무 물질하고도 잘 섞인다. 그래서 여러분의 집 안으로 밀려 들어온 물은 그냥 물이 아니다. 그것은 물과 하수, 썩은 쓰레기, 기름, 진흙, 독성 폐기물로 범벅이 된 것이다.

소름 끼치고 끔찍한 홍수 이야기라면 밤을 새워 가며 해 줄 수 있지만, 다른 이야기도 해야 하니 한 가지만 소개하기로 한다. 1966년, 이탈리아의 피렌체에 이틀 동안 약 50cm의 폭우가 쏟아졌다. 때마침 베어 낸 숲 때문에 빗물은 곧장 아르노 강으로 흘러들어가 피렌체를 덮쳤다. 피렌체는 세계적으로 유명한 미술의 도시이지만, 그때는 오물 위에 값비싼 그림들이 둥둥 떠다니는 호수로 변하고 말았다. 사나운 물살은 과학자 갈릴레오 갈릴레이를 비롯해 유명한 이탈리아 인의 무덤마저 휩쓸어 갔다. 이 홍수로 모두 159명이 사망했다.

나도 홍수 전문가가 될 수 있을까?

빗물의 무서운 힘은 기묘한 이야기를 많이 낳았는데, 그 중에는 진짜도 일부 있다. 나이 많은 사람들이 하는 이 이야기 중에서 사실인 것과 거짓인 것을 가려내 보라.

답:
a) 거짓. 혹시 이 책을 읽고 있는 뱀파이어가 있다면 실망시켜서 미안! 아마 빨간색 비는 피가 아니라 빨간 먼지가 포함된 비였을 것이다.
b) 사실. 미국 뉴올리언스에서 이런 일이 실제로 일어났다. 토네이도가 공동 묘지를 휩쓸고 지나간 뒤에 이런 일이 일어났다.
c) 사실. 개구리나 물고기가 하늘에서 떨어졌다는 이야기는 심심치 않게 들을 수 있다. 그 동물들은 아마도 용오름(바다나 호수에서 솟아오르는 회오리바람)에 휩쓸려 하늘로 날아 올랐다가 떨어졌을 것이다.

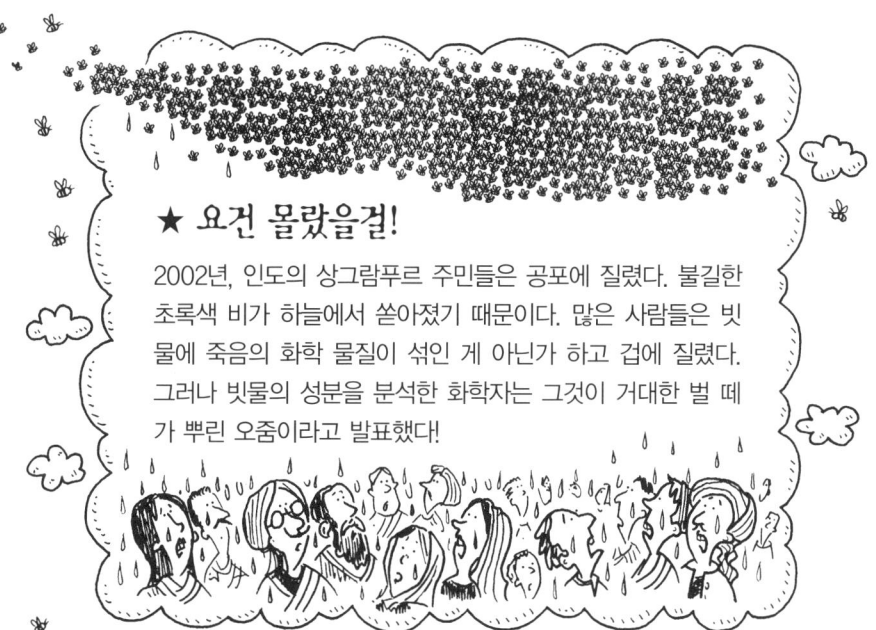

★ 요건 몰랐을걸!

2002년, 인도의 상그람푸르 주민들은 공포에 질렸다. 불길한 초록색 비가 하늘에서 쏟아졌기 때문이다. 많은 사람들은 빗물에 죽음의 화학 물질이 섞인 게 아닌가 하고 겁에 질렸다. 그러나 빗물의 성분을 분석한 화학자는 그것이 거대한 벌 떼가 뿌린 오줌이라고 발표했다!

거대한 벌 떼보다 더 무서운 것은 거대한 폭풍이다. 그리고 거대한 폭풍보다 더 무서운 것이 있다면, 그것은 바로 엄청나게 거대한 폭풍인 허리케인이다. 그런데 과학자들은 지구 온난화 때문에 허리케인의 위력이 점점 강해지고 있다고 말한다. 그럼 으스스한 통계 자료를 또 하나 볼까?

으스스한 통계 자료

- 거대한 폭풍의 정체는 열대 저기압인데, 지역에 따라 각각 다른 이름으로 부른다.
  - 허리케인 – 대서양
  - 사이클론 – 인도양
  - 태풍 – 태평양
- 허리케인은 적도 부근의 열대 바다에서 발생한다. 허리케인이 발생하려면 수온이 최소한 27℃ 이상이어야 한다.
- 지구 온난화 때문에 수온이 점점 올라가고 있고, 허리케인의 위력도 점점 강해지고 있다. 바다의 온도가 높을수록 허리케인이 더 많은 에너지를 공급받기 때문이다.
- 따뜻한 물은 수증기를 많이 만들고, 이것은 뇌우를 발생시킨다. 그러다가 바람이 '눈'을 중심으로 빙빙 돌기 시작한다. 이 그림에서 눈이 어디인지 알겠는가?

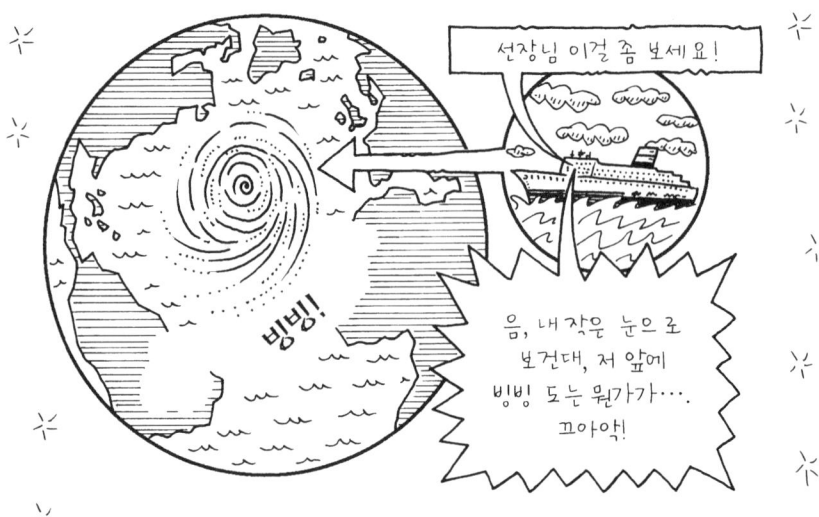

- 폭풍의 눈에는 열대 저기압 중심이 자리잡고 있어 그 아래의 바다가 불룩 솟아오른다. 이렇게 솟아오른 물이 해변에 이르면 큰 해일 피해가 발생한다.

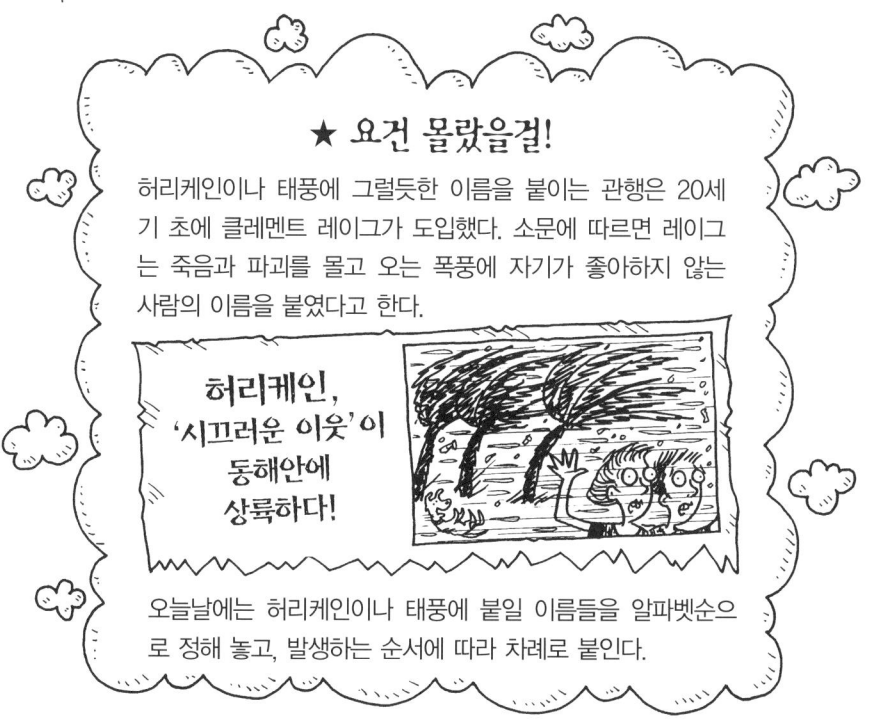

★ 요건 몰랐을걸!

허리케인이나 태풍에 그럴듯한 이름을 붙이는 관행은 20세기 초에 클레멘트 레이그가 도입했다. 소문에 따르면 레이그는 죽음과 파괴를 몰고 오는 폭풍에 자기가 좋아하지 않는 사람의 이름을 붙였다고 한다.

허리케인, '시끄러운 이웃'이 동해안에 상륙하다!

오늘날에는 허리케인이나 태풍에 붙일 이름들을 알파벳순으로 정해 놓고, 발생하는 순서에 따라 차례로 붙인다.

 허리케인을 만나는 것은 세상에서 가장 아찔한 경험일 것이다. 1992년에 허리케인 앤드루가 플로리다 주 마이애미를 덮쳤을 때, 그 한복판에 허리케인을 연구하는 과학자인 스탠 골든버그가 세 아들과 친척 5명과 함께 있었다. 골든버그는 그 때의 경험에 대해 "우리는 과연 살아남을 수 있을지 알 수 없었다. 상상할 수 있는 것 중 가장 공포스러운 상황이었다."라고 말했다.
 바람은 시끄럽게 윙윙거리며 지나갔고 벽은 금방이라도 무너질 듯이 흔들거렸다. 허리케인과 공포말고는 아무 생각도 나지 않았다. 갑자기 와장창 하는 소리와 함께 창문을 가리고 있던 널빤지가 떨어져 나가고 유리창이 깨졌다. 비바람이 집 안으로 세차게 몰아쳤다. 공포에 질린 가족은 자동차로 피신하려고 했지만, 나가 보니 차고가 사라지고 없었다. 할 수 없이 주방으로 갔더니 온 사방에 물이 흥건히 고여 있었다. 지붕이 날아가고 없었기 때문이다. 그리고 벽 한쪽이 와르르 무너지는 바람에 하마터면 모두 깔려 죽을 뻔했다.

그들은 운 좋게도 살아남았지만, 허리케인 앤드루는 65명의 목숨을 앗아 갔고, 가옥을 2만 5000채나 파괴했다.

조금 반가운 소식과 아주 나쁜 소식

토네이도(하늘에서 뼈다귀가 우수수 떨어지게 한 그 회오리바람)에 관해 조금 반가운 소식이 있다. 과학자들은 지구 온난화가 일어나더라도 토네이도가 추가로 더 발생하지는 않을 것이라고 말한다.

그렇지만 해안 지역에는 아주 나쁜 소식이 있다. 허리케인이 바다를 어떻게 솟아오르게 하여 해안 지역을 침수시키는지는 이미 알고 있지? 이것을 폭풍 해일이라고 부른다. 큰 규모의 폭풍 해일은 수천 명의 목숨을 앗아 갈 수 있다. 예를 들면, 1900년에 허리케인으로 발생한 폭풍 해일이 텍사스 주의 항구 도시 갤버스턴을 덮치는 바람에 약 8000명이 죽었다. 1970년에는 방글라데시에서 태풍 때문에 발생한 폭풍 해일로 약 50만 명이 죽었다.

이런 위험에도 불구하고 많은 사람들은 여러 가지 이유 때문에 바닷가에서 살아간다. 1990년에 전 세계 인구의 약 3분의 1이 해안 지역에 살고 있었는데, 2002년에는 그 비율이 41%로 늘어났고, 앞으로도 더 증가할 것으로 보인다. 그런데 지구 온난화로 얼음이 녹으면서 해수면이 계속 높아지고 있다. 따라서 이것 한 가지는 명백하다. 앞으로 더 심한 홍수나 해일이 발생하리라는 것! 다음 장은 아주 춥고 축축할 테니, 마음의 준비를 단단히 하도록!

녹아 가는 얼음

지금까지 여러분이 한 일 중에서 가장 따분했던 것은 어떤 것인가?
- 통조림에 든 차가운 콩을 먹으면서 한 알 한 알 세었던 일.
- 인형을 붙들고 하루 종일 이야기하며 시간을 보낸 것.
- 자지도 못하면서 과학 수업을 끝까지 꾹 참으며 들어야 했던 일.

음, 그렇지만 얼음이 녹는 것을 지켜보는 것보다 더 따분한 일이 있을까? 그래서 세계 각지에서 얼음이 녹고 있는데도 그것을 지켜보고 있는 사람이 얼마 없는 것은 충분히 이해가 간다. 그러나 우리는 관심을 가지고 그것을 지켜보지 않으면 안 된다. 이것은 엄청난 재앙을 낳을 수 있는 일이기 때문이다. 북극 지방으로 탐사를 떠나는 설레발 씨를 따라가 직접 현장을 확인하기로 하자.

설레발의 북극 지방 모험

우선 북극 지방에 관한 통계 자료부터 살펴보자.

으스스한 통계 자료

- 지구의 얼음 중 대부분은 북극 지방과 남극 지방에 모여 있다. 북극 지방에는 얼어붙은 바다(북극해)와 얼어붙은 땅(그린란드와 알래스카, 아이슬란드, 러시아 북쪽 끝 지역 등)이 있다. 남극 지방에는 남극 대륙이 있다.

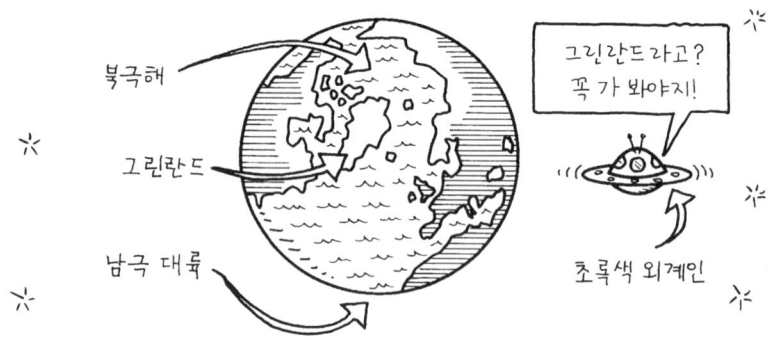

- 지구 온난화 때문에 남극 대륙도 나머지 세계 지역과 마찬가지로 기온이 올라가고 있다. 그래서 가장자리 지역에서 거대한 얼음 덩어리들이 바다로 떨어져 나가고 있다.
- 한편, 북극 지방의 영구동토층(일 년 내내 얼어 있는 땅)도 녹고 있다. 그래서 영구동토층 위에 세운 집과 학교가 무너지고 있다. 집을 가진 사람들에게는 불행이지만, 어린이들은 살판났겠지?

- 과학자들은 극 지방이 나머지 지역보다 더 빠른 속도로 따뜻해지고 있다고 주장한다. 그 이유는 다음과 같다. 대기권은 여러 층으로 나누어져 있는데 맨 아래에 있는 것이 대류층으로, 날씨 현상은 대부분 이곳에서 일어난다. 그런데 극 지방 상공의 대류권은 나머지 지역보다 두께가 더 얇아 햇빛에 더 빨리 가열된다. 게다가 극 지방을 덮고 있는 얼음은 햇빛을 반사하는 효과가 있는데(71쪽 참고), 얼음이 녹으면서 어두운 색의 땅과 바다가 햇빛을 더 많이 흡수하게 된다.

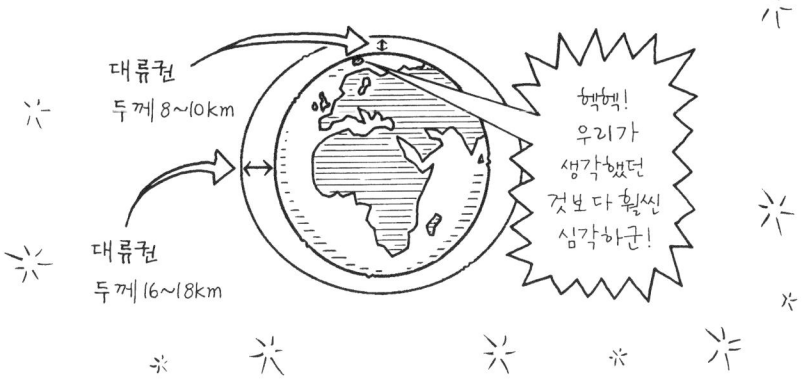

그런데 녹는 것은 극 지방의 얼음뿐만이 아니다. 세계 각지의 빙하도 녹아 내리고 있다. 빙하는 높은 지역에 내린 눈이 쌓여 생긴 얼음이 그 무게 때문에 천천히 강처럼 아래쪽으로 흘러내려가는 것이다. 빙하는 낮은 곳으로 내려가면 녹지만, 눈이 계속 내리는 한 빙하가 계속 생기면서 아래로 흘러내려간다. 빙하 중에는 생긴 지 수천 년이 지난 것도 있다. 그런데 지구 온난화 때문에 눈이 줄어들고 빙하가 더 빨리 녹는 바람에 빙하가 점점 줄어들고 있다.

여러분이 빙하를 좋아하는 팬이 아니라면, 얼음 강이 조금 녹는 것 따위에는 별로 관심이 없을 것이다. 그러나 관심을 가져야 할 이유가 있다. 전 세계 각지에 사는 수억 명의 사람들은 빙하에서 물을 공급받고 있다. 또, 갠지스 강과 양쯔 강을 비롯해 아시아의 많은 강들은 빙하가 녹은 물에서 시작된다. 만약 빙하가 사라진다면, 이 강들은 여름에도 흐르지 않을 것이고, 수억 명을 먹여 살리는 농작물도 시들어 죽고 말 것이다.

그래서 과학자들은 빙하를 살리기 위해 노력하고 있다. 어떤 방법으로? 2005년에 스위스의 한 스키장은 구르셴 빙하가 녹는 것을 막으려고 거대한 단열재 천을 그 위에 씌웠다. 물론 이 것과 같은 방법을 쓸 수도 있지만, 이 방법은 비용이 많이 든다. 그렇다면 빙하를 새로 만드는 것은 어떨까? 파키스탄에서 전해 내려오는 전통적인 방법을 한번 알아보자. 빙하는 이곳 마을 사람들과 농작물에 물을 공급해 준다. 아, 그런데 빙하가 내려 오는 길에 여러분의 학교가 있다면 큰일이겠지?

방법 :

1. 햇빛이 잘 비치지 않는 북서향의 반원형 절벽 아래가 좋다. 폭 25cm 정도의 호박돌들이 사방에 널려 있으면 아주 이상적이다. 만약 호박돌이 없다면 노예들을 시켜 호박돌을 구해 그 곳으로 운반하게 한다. 이 지역은 여러분의 학교 보다 높은 곳에 있어야 한다. 그 이유는 잠시 뒤에 알게 될 것이다.

2. 그 곳에 얼음이 널려 있다면 더할 나위 없이 좋다. 만약 없다면 땅을 파 지하에 얼어 있는 얼음을 파내야 한다. 노예들을 시켜 선택한 지역을 약 300kg의 눈과 얼음으로 뒤덮는다. 게으름을 피우는 노예가 있으면 살아 있는 얼음 조각 작품으로 만들어 버려라.

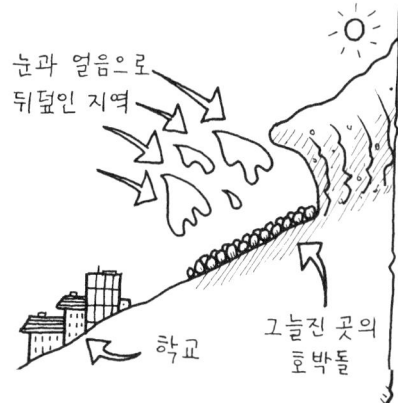

눈과 얼음으로 뒤덮인 지역

학교

그늘진 곳의 호박돌

3. 이제 눈과 얼음이 녹지 않도록 덮을 게 필요하다. 전통적으로 많이 사용된 재료로는 숯, 톱밥, 견과류 껍질, 헝겊 등이 있다. 뭐 정 원한다면 교복이나 숙제장을 갈기갈기 찢어 사용해도 좋다.

4. 병들에 물을 가득 채워 돌들과 얼음들 사이에 놓아 둔다. 빙하가 성장하면 병들이 깨지면서 물이 얼어 얼음이 더 많이 생길 것이다. 뭐 원한다면 마음에 안 드는 적들을 언 땅 속에 목만 내 놓고 묻어 놓아도 된다.

5. 겨울이 올 때마다 빙하 위에 눈이 쌓여 빙하가 점점 더 커질 것이다. 그러다가 마침내 빙하가 제 무게를 이기지 못하고 아래

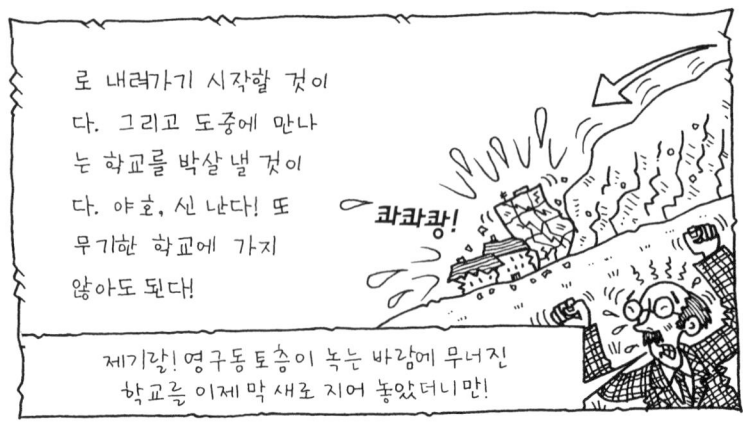

이 방법은 효과가 있는 것처럼 보인다. 그렇지만 일부 까칠한 과학자들은 그렇게 애쓰지 않아도 어차피 생길 빙하는 생기게 마련이라고 말한다. 한편, 해안 지역에서는 빙하와 얼음이 녹은 물이 바다로 흘러 들어가고 있다. 일부 얼음 덩어리는 바다 위를 떠다니는 빙산이 된다.

나도 빙산 전문가가 될 수 있을까?

1995년, 미국 과학자들은 여러 가지 실험을 해 보려고 무게가 약 3만 톤이나 나가는 빙산을 구했다. 그리고 그 빙산이 얼마나 강한지 알아보려고 절벽에다 충돌시켰다. 어떤 일이 일어났을까?

a) 빙산은 운 없는 과학자들을 태우고 멀리 떠내려가 버렸다. 그 뒤로 그들을 본 사람은 아무도 없다고 한다.

b) 아무리 세게 충돌시켜도 빙산은 부서지지 않았다.

c) 실험을 하기도 전에 빙산이 산산조각 나고 말았다.

답:
c) 첫 번째 빙산은 실험을 하기도 전에 부서지고 말았다. 그리고 더 작은 빙산은…… 엉뚱한 절벽에 가 부딪쳐 산산조각 났다!

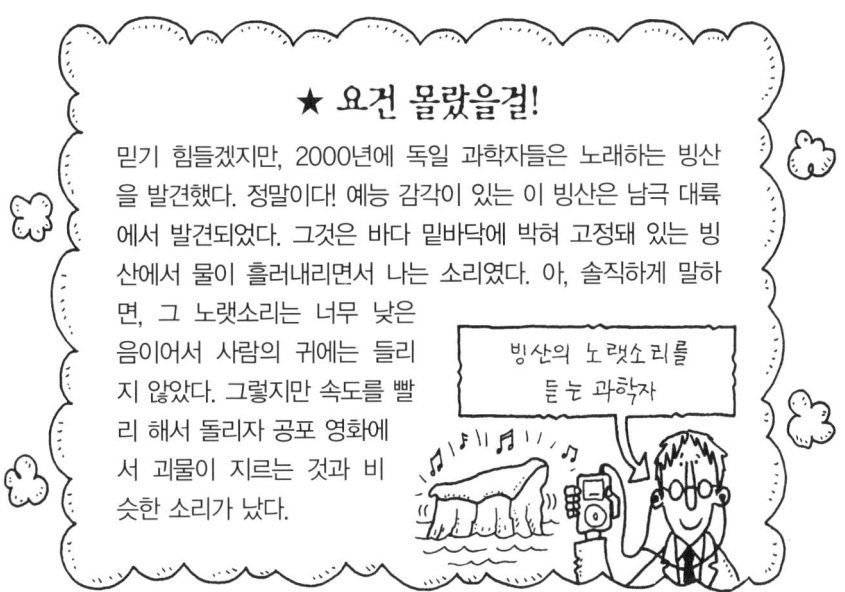

★ 요건 몰랐을걸!

믿기 힘들겠지만, 2000년에 독일 과학자들은 노래하는 빙산을 발견했다. 정말이다! 예능 감각이 있는 이 빙산은 남극 대륙에서 발견되었다. 그것은 바다 밑바닥에 박혀 고정돼 있는 빙산에서 물이 흘러내리면서 나는 소리였다. 아, 솔직하게 말하면, 그 노랫소리는 너무 낮은 음이어서 사람의 귀에는 들리지 않았다. 그렇지만 속도를 빨리 해서 돌리자 공포 영화에서 괴물이 지르는 것과 비슷한 소리가 났다.

빙산의 노랫소리를 듣는 과학자

아, 그런데 우리의 친구 북극곰 곰돌이는 그린란드에서 무엇을 하고 있을까? 아무래도 뭔가 좋지 않은 일이 벌어지고 있는 것 같다. 그것은 영구동토층하고는 아무 관계가 없는 일이다. 내 생각에는 노가리 박사의 세계 정복 계획과 관계가 있는 것 같다.

노가리 박사의 세계 정복 계획

지금까지의 이야기 – 사악한 과학자와 그의 조수들은 독성 폐기물을 가득 싣고 그린란드에 왔다. 설마 일광욕을 하러 이곳까지 온 건 아니겠지?

그런데 잠깐만! 이게 과연 가능한 이야기일까? 그린란드가 녹으면 정말로 대규모 홍수가 일어날까? 그렇다, 가능하다! 그린란드가 녹으면 나머지 세계가 어느 정도나 물에 잠길지 실험을 통해 알아보자.

직접 해 보는 실험: 그린란드가 녹으면 해수면이 얼마나 높아질까?

준비물:
- 작은 플라스틱 상자 2개
- 물병
- 종이 타월 2개
- 장갑
- 자
- 공작용 점토
- 얼음 조각 24개
- 계량컵

실험 방법:

1. 얼음을 만지기 전에 반드시 장갑을 끼도록 하라. 그러지 않았다간 동상을 입을 수 있다.

2. 공작용 점토로 섬을 만든 뒤에 그것을 한 상자 안에 넣는다. 섬은 상자 벽보다 더 높아야 한다. 그리고 섬 위에 얼음 조각 12개를 쌓아 놓는다. 원한다면 섬을 '그린란드'라고 불러도 좋다. 그렇지만 나는 상자 A라고 부르겠다. 다른 상자는 '북극해'라고

불러도 좋지만, 나는 상자 B 라고 부르겠다. 각 상자를 종이 타월 위에 올려놓는다.

3. 상자 B에 얼음 조각 12개를 뿌려 놓는다.

4. 각각의 상자에 물을 천천히 부어 넘칠락 말락 하게 만든다. 거참 조심하라니까! 종이 타월에 물이 넘쳐서는 안 된다!

5. 얼음이 다 녹을 때까지 기다린다. 뭐 추우면 꼬박 하룻밤이 걸릴 수도 있다. 겨우 그 정도 가지고 뭘 그래? 과학자들은 그린란드의 얼음이 모두 녹으려면 300년이 걸릴 거라고 말하는데…….

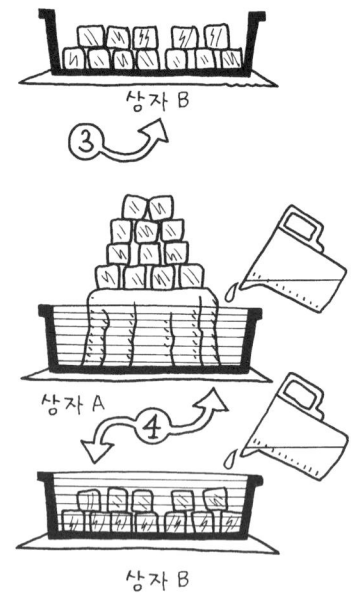

6. 얼음이 완전히 다 녹고 나거든 종이 타월이 얼마나 축축한지 비교해 보라.

실험 결과:

상자 B 밑에 깐 종이 타월은 마른 상태 그대로 있고, 상자 A 밑에 깐 종이 타월은 축축하게 젖어 있을 것이다. 상자 B의 얼음은 물 위에 떠 있기 때문에, 물에 잠긴 부피만큼 물을 밀어 낸다. 이것은 얼음 조각이건 배건 여러분의 고모건 어떤 물체가 물 위에 뜰 때마다 일어나는 현상이다. 그래서 상자 B의 얼음은 녹더라도 물의 높이에 아무 변화가 없다. 이미 물속에 잠길 때 그만큼의 물을 밀어냈기 때문이다. 반면에 상자 A의 얼음은 물 밖에 있기 때문에, 그것이 녹은 물은 상자의 물로 흘러들어가 물의 높이가 높아지므로 가장자리 너머로 넘치게 된다.

현실 세계에서도 이와 똑같은 일이 일어난다. 지구 온난화가 진행됨에 따라 북극해에 떠 있는 얼음들이 녹더라도, 해수면의 높이에는 아무 변화가 없다. 그러나 그린란드의 얼음이 모두 녹는다면, 해수면은 약 7m나 높아질 것이라고 한다. 그러면 전 세계의 많은 해안 지역은 물속에 잠길 것이다.

까칠한 과학자의 잔소리

지구 온난화가 일어나면 얼음이 녹지 않는다 하더라도 해수면이 약간 상승한다. 그것은 온도가 올라가면 물의 부피가 팽창하기 때문이다.

해수면이 상승하면 누가 가장 큰 피해를 입을까? 바다에 가까운 저지대에 사는 사람들이 당장 침수 피해를 입을 것이다. 미국의 경우 플로리다 주가 가장 큰 피해를 입을 것으로 보이며, 저지대 습지와 연안 도시들이 물에 잠길 것이다. 그렇게 되면 이제 이곳에서 더 이상 휴가를 즐길 수 없게 되고, 악어들은 다른 곳으로 옮겨 가야 할 것이다. 한편, 방글라데시에는 해수면이 1m만 높아져도 침수 피해가 발생할 저지대에 사는 사람이 약 3000만 명이나 된다. 이들은 지금도 태풍이 불 때마다 큰 피해를 입고 있는데, 해수면이 높아지면 피해가 더 커질 것이다. 그렇지만 이 정도는 아무것도 아니다. 오싹한 공포를 체험하고 싶다면, 이곳을 적극 추천한다.

공포 체험 여행사가 추천하는 관광 명소

해변에서 휴가를 보내고 싶다면 파도가 바로 옆에서 출렁이는 곳에서 오싹한 밤을 보내 보세요!

파도에 쓸려 내려가는 시시마레프

알래스카에 있는 시시마레프 마을은 예전에는 따뜻한 얼음으로 둘러싸여 있었지요. 그렇지만 지구 온난화 덕분에 얼음이 녹으면서 해변에 파도가 찰싹이고 있어요. 이 때문에 낮은 지대의 마을이 파도에 씻겨 내려가고 있지요! 폭풍이 몰아칠 때마다 마을 주민들은 언제 파도에 휩쓸려 갈지 몰라 불안과 공포에 떨어요!

웃어요!

긴급 속보-2004년에 이곳은 버려진 마을이 되고 말았어요! 그렇지만 걱정 마세요. 대신에 더 좋은 곳이 있으니까요.

사실, 많은 섬은 해수면이 조금만 높아져도 완전히 물속에 잠길 위험에 처해 있다. 이들 섬은 주변을 에워싼 산호초가 파도를 간신히 막아 주고 있다. 그러나 지구를 먹어치우는 기계가 산호초를 파괴하고 해수면이 계속 상승하면서 이들 섬은 곧 물속으로 잠기고 말 것이다.

이들 섬과 해안 저지대에 사는 주민들의 운명은 열파에 내놓은 얼음 조각보다 더 어둡다. 그렇지만 미래가 꼭 그렇게 어두워야만 하는 것일까? 뭐 꼭 그래야만 하는 건 아니다. 사실은 어두운 것을 넘어서서 칠흑같이 깜깜할 수도 있다! 다음 장을 보시라!

어두운 미래 전망

일기 예보는 누구나 본다. 그런데 어느 날, 일기 예보에서 세계의 종말을 예보한다면 어떨까?

그런데 미래는 정말로 이처럼 암울한 것일까, 아니면 괜히 여러분을 겁주는 것일까? 음, 일기 예보는 매일 변하고 또 가끔 틀리기도 하지만, 전체적인 맥락은 분명하다. 지금 이 문제 때문에 세계 최고의 과학자들과 지도자들이 한 자리에 모였다고 한다. 설레발 씨가 이 회의에서 연설을 한다는데······.

설레발의 연설

오, 이런! 아무래도 설레발 씨가 연설을 무사히 끝내기는 힘들 것 같다. 그렇지만 그는 지구 온난화가 동식물이 살아가는 장소인 서식지를 파괴하고 있다는 이야기를 하려고 했다. 과학자들은 2050년 무렵이 되면 전체 동식물 종 중 약 4분의 1이 사라질 것이라고 전망한다. 정말 으스스한 이야기지? 그런데 이 전망도 우리가 CO_2 배출을 줄여 나간다고 가정했을 때의 이야기다. 만약 CO_2를 더 많이 뿜어 낸다면, 전체 동식물 종 중 약 70%가 사라질지도 모른다.

그런데 왜 그런 일이 일어날까?

가장 큰 문제는 지구가 너무 빨리 더워져 자연이 거기에 미처 적응을 하지 못하기 때문이다. 식물은 날씨가 더워지더라도 다른 곳으로 옮겨 갈 수가 없다. 이 식물들이 죽고 나면, 그것에 의존해 살아가던 동물들도 먹이와 보금자리를 잃게 된다. 한편, 지구 온난화가 계속될 경우, 산호 폴립 친구들에게는 더욱 나쁜 일이 닥치게 된다. 오염과 남획, 기온 상승만으로는 폴립의 생존을 위협하기에 부족했던지, 과학자들은 2100년 무렵에는 바닷물의 산성도가 최근 10만 년 중 최고 수준으로 높아질 것이라고 예상한다. 이것은 산호뿐만 아니라 껍데기가 있는 바다 동물들에게는 아주 나쁜 소식이다. 껍데기를 만드는 데에는 탄산염이라는 물질이 필요한데, 산성이 심하면 탄산염이 바닷물에 잘 녹아 껍데기를 만들기가 어렵기 때문이다.

만약 여러분이 동물이라면, 이러한 사태에 대해 가만히 있겠는가? 당연히 불만을 터뜨리고 강력하게 항의하겠지? 실제로 네이처넷(음, 이것은 야생 동물들이 사용하는 인터넷이다)은 똑똑한 동물들이 보내 온 항의 전자 우편으로 몸살을 앓고 있다.

여러분, 안녕하세요?
매일 계속되는 무더운 밤 때문에 짜증나 죽겠어요! 더운 날씨 때문에 곰팡이가 크게 번져 내 새끼들이 죽어 가고 있어요. 제발 살려 주세요!
　　　　- 남아메리카의 황금두꺼비

안녕, 여러분!
아아, 나는 건강이 극도로 나빠졌어요! 사람들이 내가 사는 보금자리인 산울타리를 다 베어 버렸어요. 또 지구 온난화 때문에 여름에는 더워서 살 수가 없고, 겨울에도 따뜻해서 겨울잠을 잘 수가 없어요. 누구, 수면제 좀 없어요?
　　　　- 영국의 동면쥐

하이! 여러분, 안녕! 하이!
나는 높은 산의 시원한 곳을 좋아해요. 그래서 눈으로 덮인 산에서 살지요. 그런데 눈은 다 어디로 갔고, 산은 또 왜 이렇게 더운가요?
— 미국의 우는토끼

그러나 모든 동물이 지구 온난화를 싫어하는 것은 아니다. 그중에는 지구 온난화를 반기는 동물도 있다.

여러분, 방가방가!
사람들에게 축복을! 우리는 사람들이 남겨 준 음식이 너무나도 고마워요! 비록 파리가 들끓고 썩은 것이긴 하지만요. 또, 요즘 겨울이 따뜻해서 얼마나 좋은지 모르겠어요. 덕분에 우리 새끼들이 추위에 얼어 죽지 않고 살아남을 수 있어요. 두 발로 걸어다니는 사람들, 계속 그렇게 해 줘요! 사랑해요!
추신: 우리가 이사할 만한 근사한 화장실이 어디 없을까요?

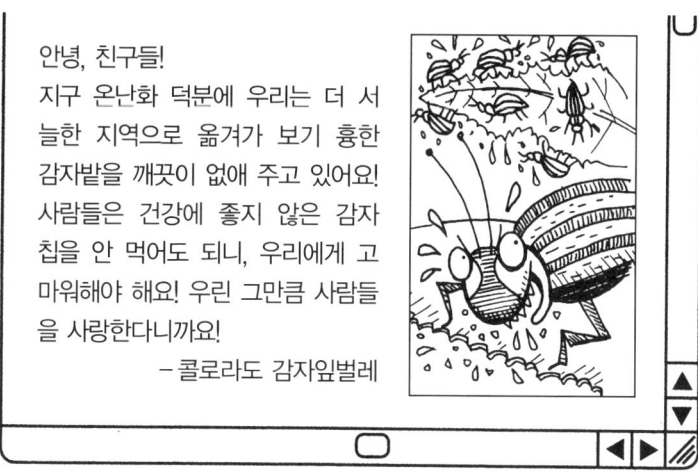

안녕, 친구들!
지구 온난화 덕분에 우리는 더 서늘한 지역으로 옮겨가 보기 흉한 감자밭을 깨끗이 없애 주고 있어요! 사람들은 건강에 좋지 않은 감자 칩을 안 먹어도 되니, 우리에게 고마워해야 해요! 우린 그만큼 사람들을 사랑한다니까요!
- 콜로라도 감자잎벌레

실제로 더 서늘한 지역으로 옮겨가 농작물을 마구 먹어치우면서 끔찍한 질병을 옮길 준비를 하고 있는 곤충과 벌레가 아주 많다. 다시 회의장으로 돌아가 보자. 이번 연사는 아주 무시무시한 시나리오들을 이야기하려고 한다. 그렇지만 이 사람은 다른 사람들을 공포에 질리게 하는 걸 즐긴다. 자, 세상에서 가장 심통 사나운 의사인 까칠이 박사를 만나 보자!

자, 이제 마침내 지구 온난화 자체에 대해 살펴볼 때가 되었다. 지구 전체가 따뜻해지고, 곳곳에서 기상 이변이 발생하는 이유는 도대체 무엇인가? 지구는 정말로 더 따뜻해지고, 기후도 더 거칠게 변해 가고 있을까? 우리는 내일 아침에 무사히 잠자리에서 일어날 수 있을까?

정말로 으스스한 전망

과학자들이 이야기하는 것을 들려 주기 전에 과학자들은 20년 뒤의 기후가 어떻게 변할지, 어떻게 알아내는지부터 설명하기로 하자. 그것은 통계 자료와 관계가 있다.

으스스한 통계 자료

- 과학자들은 그린란드와 남극 대륙의 얼음을 깊이 파 채취한 시료에서 지난 수만 년 동안 온실 기체의 양이 어떻게 변해 왔는지 알 수 있다. 심지어 65만 년 전의 얼음 시료도 파냈다. 얼음 속에는 그 당시의 공기가 갇혀 있기 때문에, 그 공기 속에 포함된 온실 기체의 비율을 측정할 수 있다.
- 인공위성은 바다와 육지의 온도 변화를 정확하게 측정하며, 해수면이 상승하거나 얼음이 녹는 양상을 관측해 지도로 작성한다.
- 슈퍼컴퓨터는 온실 기체와 기온 변화가 장래의 기후에 어떤 영향을 미칠지 계산할 수 있다.
- 이 모든 자료가 들려 주는 이야기는 일치한다. 즉, 온실 기체의 양이 늘어나면 기온도 올라간다는 것!

★ 요건 몰랐을걸!

과학자들은 19세기부터 CO_2가 지구 온난화와 밀접한 관계가 있다는 사실을 알고 있었다. 스웨덴의 스반테 아레니우스라는 과학자는 CO_2 농도가 두 배로 증가하면 지구 평균 기온이 5~6°C나 올라갈 것이라고 추측했다. 오늘날의 전문가들은 그것보다 조금 낮춰 잡고 있다. 그렇지만 아레니우스는 그것을 그다지 심각하게 보지 않았다. CO_2 농도가 그만큼 늘어나 기온이 올라가려면 약 3000년이 걸릴 것이라고 보았고, 기온이 더 따뜻해지면 살기가 더 좋을 것이라고 여겼다.

다시 회의장으로 돌아가 보자. 이번에는 내멋대로 박사가 과학자들은 기후가 앞으로 어떻게 변할 것으로 생각하는지 설명하고 있다.

온실 기체 농도는 지난 65만 년 동안 최고 수준에 이르렀습니다. 우리가 온실 기체를 얼마나 더 많이 뿜어 내느냐에 따라 2100년의 세계 평균 기온은 지금보다 1.1~6.4°C 올라갈 것입니다. 얼음도 계속 녹아 해수면은 최소한 59cm 상승할 것입니다.

정말로 복잡한 과학을 아주 좋아하는 독자를 위해

많은 과학자들은 그린란드의 얼음이 녹으면 멕시코 만류의 세력이 약해질 것이라고 전망한다. 멕시코 만류는 북대서양을 흐르는 해류로 미국 동북부와 유럽 지역에 따뜻한 물을 실어 주고 적도 쪽으로 찬물을 운반한다. 만약 멕시코 만류가 약해진다면 유럽과 미국 동부 지역은 지금보다 훨씬 추워질 것이다. 그래서 지구 온난화는 이 지역에 오히려 추운 겨울을 몰고 올 수 있다! 어떤 것을 예측한다는 것은 참 근사하지만…….

그러나 나쁜 일이 일어날 가능성이 있으면, 꼭 그런 일이 일어나는 게 참 묘한 일이다! 우리가 살고 있는 작은 행성의 기후는 카드로 지은 집과 비슷하다. 겉으로는 안전해 보이지만, 일련의 악순환이 발생하면 전체가 와르르 무너질 수 있다. 악순환이란 원인과 결과가 되풀이되면서 나쁜 일들이 계속 더 악화되는 것을 말한다. 기온이 올라가면 수증기와 CO_2가 더 많이 발생하고, 이것은 다시 기온을 더 높이는 원인이 된다고 이야기했던 것을 기억하고 있겠지? 그런데 이것은 시작에 불과하다. 여러분이 문명 세계를 멸망시키려고 하는 사악한 과학자라고 상상해 보라.

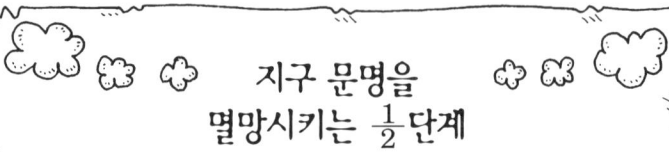

지구 문명을 멸망시키는 $\frac{1}{2}$ 단계

1. 식탁을 깨끗하게 닦은 뒤에 고양이를 밖에 내 놓는다.
2. 필요한 것이 모두 있는지 확인한다. 지구라고 부르는 작은 파란색 행성과 여러분을 도와 줄 어리석은 사람 약 60억 명이 필요하다.

3. 연료를 최대한 많이 태워 CO_2를 푹푹 내뿜는다. 그러면 지구가 따뜻해지고, 수증기가 많이 솟아오르면서 지구를 더 따뜻하게 할 것이다.

4. 심한 가뭄이 닥쳐 열대 우림이 죽어 갈 것이다. 거들어 주는 사람들에게 연료를 더 많이 때어 CO_2를 더 많이 내뿜게 하라. 열대 우림이 잘려 나가는 모습을 느긋하게 감상하라. 열대 우림은 그저 풍경을 버릴 뿐이니까!

5. 흙의 온도가 올라가면, 미생물의 활동이 활발해져 식물을 더 많이 분해하기 때문에 더 많은 CO_2가 공기 중으로 들어간다. 이제 지구는 더욱 뜨거워질 것이다.

6. 그러면 보기 흉한 얼음이 모두 녹아 해수면이 상승할 것이다. 영구동토층에는 엄청난 양의 메탄이 들어 있다. 시베리아에만 약 700억 톤이나 있다니까! 영구동토층이 녹으면, 온실 기체인 메탄이 공기 중으로 들어가 기온이 더욱 올라간다.

7. 그린란드의 얼음이 녹고, 남극 대륙의 서부가 붕괴해 바다로 가라앉는다. 곳곳에서 홍수와 침수 피해가 일어나고 해안 도시들이 물에 잠긴다. 가뭄과 기아, 홍수, 질병이 전 세계로 퍼져 나간다.

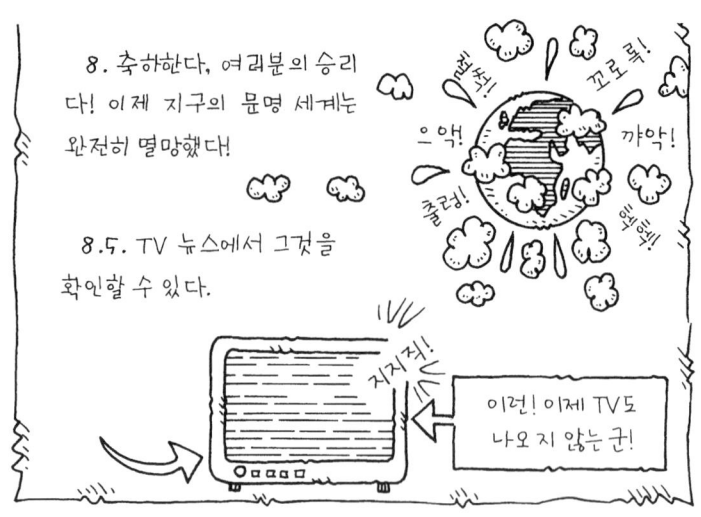

실제로 일어나는 일은 이것보다 좀더 복잡하다. 2~6단계는 동시에 일어나며, 바로 지금 영구동토층에서 메탄이 공기 중으로 빠져 나가고 있다. 과학자들은 이렇게 어떤 효과가 점점 강해지는 악순환을 고상한 말로 '양성 피드백'이라 부르지만 나는 그것을 왜 음성이 아니고 양성이라고 부르는지 의문이다.

지구 온난화 현상에서 정말로 섬뜩한 사실은 우리가 지금 당장 CO_2 배출을 멈춘다 하더라도, 지금 진행되고 있는 양성 피드백 때문에 지구의 기온은 한동안 계속 올라간다는 점이다. 게다가 지구의 평균 기온이 지금보다 $2°C$만 더 올라간다면, 기후는 마치 낭떠러지에서 떨어지는 자동차처럼 변할 것이다. 즉, 아무리 브레이크를 밟아도 소용이 없다. 더 이상 지구 온난화를 멈출 방법이 없다.

만약 이런 일이 일어난다면, 지구에서는 아무도 행복하게 살아갈 수 없을 것이다. 그런데 과연 그런 일이 일어날까? 우리는 동굴에서 살면서 벌레들도 쳐다보지 않는 곰팡이 슨 감자를 우적우적 씹어먹게 될까?
그것은 여러분에게 달렸다!

지구를 구하면서 돈을 버는 방법

다시 회의장으로 돌아가 보자. 과학자들은 흥분하여 각자 자기 주장을 펼치고 있다. 모두가 지구를 구하고 싶어하며, 또 각자 나름의 계획이 있다.

전문가들이 제안한 모든 아이디어를 모았더니 크게 세 종류로 나눌 수 있었다.

아, 물론 사람에 따라 어떤 아이디어를 어디에 집어넣어야 하는가에 대해 생각이 다를 수도 있다. 또, 어리석어 보이는 아이디어가 실제로는 아주 좋은 아이디어로 밝혀질 수도 있다. 어쨌든 그건 두고보면 알 수 있을 것이다. 자, 그러면 중요한 정치인이 제안한 아주 어리석은 아이디어부터 살펴보기로 하자.

이 아이디어가 아주 어리석은 이유는 두 가지를 들 수 있다. 첫째, 지금 현재 남아 있는 석탄과 석유, 천연가스만 해도 지구를 완전히 망치고도 남을 만큼 많다. 둘째, 설사 화석 연료가 바닥난다 하더라도, 과학자들은 CO_2를 더 뿜어 내는 새로운 연료를 찾아낼 것이다. 실제로 일부 과학자들은 북극 지방과 바다 밑에 묻혀 있는 메탄을 연료로 사용하는 방법을 생각하고 있다.

★ 요건 몰랐을걸!
최근에 과학자들은 일부 흥미로운 연료들을 시험해 보았다.

지구를 구하는 아이디어에 관한 퀴즈

다음 중 정말로 제안된 아이디어는 어떤 것일까?

1. 철 가루를 바다에 뿌린다. 그러면 CO_2를 흡수하는 플랑크톤이 크게 늘어날 것이다.

2. 바닷물을 공중에다 살포한다. 그러면 물방울이 햇빛을 반사해 지구의 기온이 내려갈 것이다.

3. 대기권 높은 곳에 금속 가루를 뿌려 햇빛을 반사하게

한다.

4. 서유럽만 한 크기의 거대한 렌즈를 우주에 띄워 햇빛을 차단한다.

5. 우주에 달 먼지를 뿌려 햇빛을 막는다.

6. 특수 유리 돔으로 대도시들을 덮어 열을 반사하게 한다.

뭐든지 좋으니, 어서 대책을 좀 세우라고!

답:

1. 사실. 그러나 2009년에 중국 상하이에서는 이렇게 해서 더 싸고 더 풍부한 곡물을 얻을 수 있게 되었다.

2. 사실. 그러나 바다 표면에서 생긴 거품이 사라지는 것을 막을 방법이 아직 없다.

3. 사실. 에어로졸 탄산칼슘 가루보다 더 개혁적인 것이다. 이것은 좋은 아이디어이지만, 오존층을 파괴할 수 있다.

4. 사실. 불행히 있는 것 같으며 이지만, 태양에너지도 나쁠 수 있다.

5. 사실. 달 먼지는 태양빛이 아주 폭 닿아 단지 햇빛을 막기만 할 것이다.

6. 가장 대가 아주 들 이점 더 좋아디어는 차이 없었다.

그런데 이 아이디어들은 모두 공통적으로 치명적인 문제가 있다. 설사 효과가 있다 하더라도, 이것을 실천에 옮기려면 막대한 에너지가 든다는 것! 그리고 에너지를 많이 쓰면 지구 온난화가 더 심해진다! 그런데 지금 회의장 문을 박차고 들어온 불청객이 누구지?

노가리 박사의 세계 정복 계획

다음 편에 계속……

아주 좋은 아이디어

과학자들과 세계 지도자들이 나쁜 아이디어와 비현실적인 아이디어만 내놓은 것은 아니다. 그 중에는 상당히 좋은 아이디어도 일부 있다.

먼저 당연히 실천에 옮겨야 할 아이디어부터 살펴보자. 왜 각국 정부는 CO_2 배출을 제한하지 않을까? 음, 노력은 하고 있다. 문제는 그러면서 각 나라들은 지구를 먹어치우는 기계를 이용해 돈을 벌길 원하고, 또 다른 나라보다 CO_2 배출량을 많이 제한받는 걸 꺼린다는 점이다. 이것은 사람들을 모아 놓고 이제부터 각자 숨쉬는 것을 제한하자고 요구하는 것과 비슷하기 때문이다.

1997년에 세계 지도자들은 일본 교토에서 만나 CO_2 배출량을 1990년을 기준으로 5.2% 줄이기로 합의했다. 이것을 교토의정서라고 한다. 이것은 참 좋은 소식이지?

그런데 교토 의정서가 실제로 효력을 나타낼 만큼 충분히 많은 나라들이 여기에 합의한 것은 2006년이 되어서였다. 그렇지만 그때까지도 세계 최대의 CO_2 배출국인 미국은 이 협정을 비준하려 하지 않았다. 그러는 동안 지구는 점점 더워지고, 해수면은 높아지고, 북극곰은 살아가기가 더 힘들어졌다. 과학자들은 CO_2 배출량을 5.2% 줄이는 것은 문제의 심각성에 비추어 너무 적은 양이라고 지적했다.

그래도 이런 노력은 아무것도 하지 않는 것보다는 나으며, 실제로 성과도 있었다. 일부 나라들에서는 탄소 배출권 거래제를 실행에 옮기고 있다. 이것은 공기 중에 CO_2를 배출할 수 있는 권리를 사고파는 제도이다. 그러니까 각 회사에게 CO_2를 일정량 배출할 수 있는 권리를 부여한 뒤, CO_2를 덜 배출하는 회사는 남은 탄소 배출권을 필요한 회사에 팔 수 있다. 따라서 CO_2를 덜 배출하면 돈을 벌 수 있다.

게다가 2008년부터는 기후 변화에 관한 정부간 패널(IPCC) 같은 국제 단체를 통해 각국 과학자들이 지구 온난화에 관한 자료를 함께 나누고 있다. 그래서 지금은 지구 온난화 상황이 얼마나 나빠졌는지 쉽게 확인할 수 있다.

정말로 좋은 아이디어를 실천에 옮겨야 할 때

석유와 천연가스 자원이 점점 바닥나고 있다는 사실은 이미 알고 있겠지? 과학자들은 지구 온난화를 악화시키지 않는 새로운 종류의 연료를 개발하려고 노력하고 있다. 아, 물론 그것은 개똥 같은 연료가 아니다. 그것은 CO_2를 공기 중으로 내뿜지 않는 에너지원이다.

이러한 종류의 에너지를 재생 에너지라고 부르는데, 전기를 생산하는 데 이용되는 바람, 파도, 태양, 물 등의 에너지가 바로 그것이다. 이러한 에너지는 얻기 위해 땅을 파야 할 필요가 없는 공짜 에너지이다. 재생 에너지는 CO_2를 거의 배출하지 않고 공짜로 계속 사용할 수 있는 에너지이긴 하지만, 단점도 있다. 해는 24시간 내내 비치지 않으며, 바람도 끊임없이 계속 불지 않는다. 거대한 수력 발전소는 높은 곳에서 떨어지는 물의 힘을 이용해 전기를 24시간 내내 만들 수 있지만, 한 가지 문제가 있다. 수력 발전소를 지으려면 거대한 댐을 만들어야 하는데, 그 과정에서 자연 환경을 파괴하게 된다. 그래도 이렇게 생산한 전기를 저장할 수 있다면(새로운 종류의 전지에), 재생 에너지는 지구 온난화를 막고 환경을 보호하는 데 큰 도움이 된다.

★ 요건 몰랐을걸!
또 한 가지 방법은 석탄을 때는 화력 발전소에서 CO_2를 따로 모아 오래된 유전이나 소금 광산 같은 지하 깊숙한 곳에 묻는 것이다. 왜 오래된 학교는 쓰지 않는지 몰라!

덜렁이 군, 당장 창문 닫아!

새로운 에너지원에는 수소 연료와 원자력도 있다. 수소 연료는 CO_2도 배출하지 않고 효율도 좋지만, 가볍고 불에 쉽게 타는 이 기체를 연료로 사용하려면 일단 수소를 생산하고 운반해야 한다. 그러려면 많은 에너지와 수송관, 그 밖에 거대하고 비용이 많이 드는 장치들이 필요한데, 이 과정에서 CO_2가 많이 발생한다.

원자력은 모든 과학자

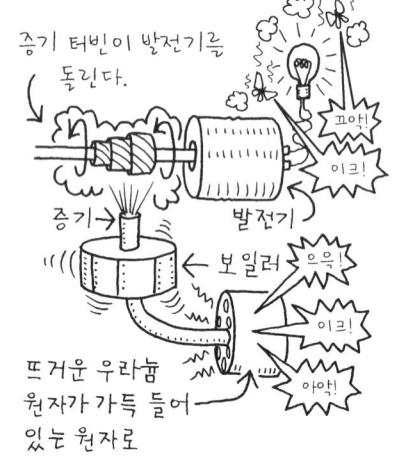

가 추천하는 방법은 아니다. 원자력의 기본 개념은 아주 훌륭하다. 방사성 우라늄 원자핵이 분열할 때 많은 에너지가 나오는데, 이 에너지를 이용해 CO_2를 전혀 배출하지 않고 전기를 생산할 수 있다. 그런데 뭐가 문제일까?

많은 사람들은 1986년에 우크라이나의 체르노빌에서 일어난 것과 같은 원자력 사고가 일어나지 않을까 불안해한다. 체르노빌 원자력 발전소 사고는 56명의 사망자와 수천 명의 암환자를 낳았고, 광대한 지역을 사람이 전혀 살지 못하는 폐허로 만들었다. 게다가, 원자력 발전소에서 나오는 방사성 폐기물은 방사능이 완전히 없어지려면 수천 년 이상이 걸리는데, 이것을 안전하게 보관하는 문제도 큰 골칫거리이다. 또, 원자력 발전소를 폐쇄하고 나면 그 곳을 철거하는 것도 큰 문제가 된다.

에너지를 더 많이 얻는 게 어렵다면 에너지 효율을 높이는 방법은 어떨까? 자동차와 항공기 제조 회사들이 적은 연료로 더 많이 달리면서 온실 기체를 덜 배출하는 신제품을 만들려고 노력하는 이유는 이 때문이다.

새로운 연료로 달리는 자동차도 개발하고 있다. 오늘날 많은 나라에서는 바이오 연료로 달리는 자동차를 개발하려고 열심히 노력하고 있다. 바이오 연료는 사탕수수, 옥수수, 기름야자나무, 그리고 심지어 어떤 종류의 풀을 재배한 뒤, 미생물로 그것을 발효시켜 만든 에탄올이다. 에탄올은 알코올의 한 종류로, 술의 주성분이다. 바이오 연료 속에 들어 있는 탄소는 이미 대기 중에 있던 CO_2를 식물이 흡수해 생긴 것이므로, 바이오 연료 작물을 재배하면 지구 온난화에 맞서 싸우는 데 도움이 된다.

정말 근사한 아이디어가 아닌가? 2008년에 브라질에서는 전체 자동차 중 약 30%가 사탕수수로 만든 바이오 연료로 달렸다. 그렇지만 바이오 연료도 몇 가지 문제가 있다.

만약 옥수수로 바이오 연료를 만든다면, 옥수수 가격이 치솟아 옥수수를 주식으로 삼는 가난한 사람들이 살아가기가 어려워진다.

또, 기름야자나무를 심느라고 열대 우림을 베어 농장으로 만든다면, 지구 온난화 문제를 해결하는 데 별 도움이 안 된다.

그리고 바이오 연료를 많이 생산하고 사용하면, 더 많은 도로가 생기고 더 많은 자동차가 달리게 되어 지구 온난화를 더 악화시키게 된다.

그렇다면 지구 온난화의 근본 원인인 지구를 먹어치우는 기계를 덜 작동시키는 게 더 낫지 않을까?

지구를 구할 수 있는 정말로 좋은 방법

많은 사람들은 우리가 에너지를 덜 쓰는 방향으로 생활 방식을 바꾸는 것이 정답이라고 생각한다. 그러면 여러분은 하루의 절반은 침대에서 누워 지내고, 숙제도 하지 않고 게으름을 피우며 살 수 있게 될 거라고 환영하겠지?

그렇다면 실망시켜 정말 미안하다. 에너지를 덜 쓴다는 것은 말 그대로 CO_2 배출을 줄일 수 있도록 에너지를 절약하는 것을 뜻한다. 이것은 몹시 불편하게 들릴지 모르지만, 그렇다고 천막에서 생활하고, 찬물로 샤워를 하고, 아침에 생쌀을 우적우적 씹어먹으라는 건 아니다. 또, 창피할 정도로 두꺼운 외투나 재활용 바지를 입고 다니거나 나무를 껴안을 필요도 없다.

그저 생활 방식을 조금만 바꾸면 된다. 그러니까 낭비되는 에너지를 줄이고, 되도록 여행을 적게 하고, 식생활 습관을 효

율적으로 바꾸면 된다. 이것은 야심찬 계획처럼 들리겠지만, 이미 수천만 명이 실천에 옮기고 있다. 이미 여러분 가족도 여기에 동참했을지 모른다. 게다가 가난한 나라에 사는 많은 사람들은 계속 그런 식으로 살아왔다.

 에너지를 덜 쓰면서 살면 인생이 불행해질 거라고 생각하는 사람이 있을지도 모르겠다. 그래서 여러분에게 에너지를 덜 쓰는 생활 방식이 어떤 것인지 직접 보여 줄 자원자 네 사람을 불렀다. 자, 개과천선한 고질라 가족을 소개한다!

 일부 독자들은 에너지를 마구 낭비하던 고질라 가족이 갑자기 에너지 절약 모범생으로 변신한 것에 깜짝 놀랄지 모르겠다. 그게 다 이 책을 읽은 덕분 아니겠는가? 하하! 고질라 가족의 집에는 큰 변화가 있었다.

 1. 최신 단열재와 삼중창으로 단열 효과를 높여 에너지를 크게 절약한다.
 2. 전구와 그 밖의 전기 장비도 모두 절전형 제품으로 바꾸었다.
 3. 보일러를 1990년대에 발명된 최신 연료 전지 보일러

로 교체했다. 보일러에서 발생하는 열은 전기를 만드는 데 사용된다.

4. CO_2가 전혀 발생하지 않는 태양 전지판과 풍력 터빈도 설치했다.

5. 쓰지 않는 방들은 세를 주어 약간의 부수입을 올릴 뿐만 아니라 연료비도 절감한다.

가만 내버려 두어도 스스로 알아서 난방을 하는 집이라, 얼마나 근사한가! 언젠가 모든 집이 이렇게 된다면 참 좋을 텐데! 이왕이면 모든 학교와 공장도!

자, 고질라 가족의 집으로 다시 돌아가 볼까?

1. 고질라 가족은 자동차 9대를 다 팔고, 한 대만 유지하고 있다. 그 한 대는 전지로 달리는 전기 자동차로, 풍력 터빈과 태양 전지판으로 만든 전기로 충전한다.

2. 전기 자동차는 오염 물질과 CO_2를 전혀 배출하지 않는다. 그리고 태양과 바람에서 에너지를 얻기 때문에 지구 온난화에도 아무런 영향을 미치지 않는다. 가솔린을 사용하던 이전의 자동차만큼 빨리 달리지는 못하지만, 그래도 충분히 빠른 속도로 달린다.

그런데 오래된 습관을 버리기란 참 힘든 법이다. 고질라 씨는 새 차를 구입하고 싶어 안달이 났다. 태양 전지 자동차가 어서 나오길 학수고대하고 있다.

3. 요즘 고질라 가족은 여행을 자제하고 있다. 고질라 씨는 비디오 화상 회의 기술을 이용해 집에서 회사 직원과 회의를

하며, 가족도 쇼핑을 대부분 인터넷으로 해결하고 있다. 이렇게 해서 시간과 돈과 에너지를 크게 절약할 수 있다.

4. 고질라 가족은 이 밖에도 생활 방식을 대폭 바꾼 것 때문에 돈을 많이 절약하고 있다. 예전에는 해변에서 휴가를 보내는 걸 즐겼지만, 이번엔 집에서 가까운 곳으로 가기로 했다. 그리고 연료를 절약하기 위해 자가용 대신 버스를 타고 가기로 했다.

5. 사람은 곧 자기가 먹는 것이라는 말이 있는데, 한편 사람은 곧 자기가 버리는 것이란 말도 있다. 따라서 만약 여러분이 쓰레기를 많이 버린다면 무엇이 되는지 알겠지? 에너지를 덜 쓰는 생활 방식을 채택한 고질라 가족은 쓰레기를 덜 버리고 재활용을 많이 하고 있다. 종이, 플라스틱, 금속, 유리 등을 종류별로 분리수거하고, 야채 찌꺼기는 거름통에 집어넣는다. 집에 필요한 물건을 사러 갈 때면 가끔 중고품 가게에도 들러 오래된 물건도 사 가지고 온다. 물론 그 중에는 여러분의 얼굴을 찌푸리게 하는 것도 가끔 있다.

재활용 쪽지

재활용은 쓰레기가 썩어 온실 기체인 메탄을 내뿜는 것을 막아 준다. 또 재활용 제품은 새로 제품을 만드는 것보다 에너지를 덜 쓰므로 CO_2도 덜 배출한다. 실제로 종이 $1kg$을 새로 만드는 것보다 재생지를 만드는 게 CO_2 배출량을 약 $1kg$ 줄일 수 있다.

6. 고질라 씨의 슈퍼마켓도 모습이 확 달라졌다. 무엇보다도, 이곳은 이제 더 이상 슈퍼마켓이 아니다. 신선한 지역 생산품을 인터넷으로 판매하는 물품 보관 창고로 변했다. 소비자가 전화나 전자 우편으로 상품을 주문하면, 전기 차량들이 그것을 배달한다. 그리고 난방과 조명, 냉방 비용이 거의 들지 않으니 슈퍼마켓보다 훨씬 싼 값에 식품을 팔 수 있다. 그리고 농부들에게 좋은 가격으로 농산품을 사들여도 이윤을 충분히 남길 수 있다.

7. 새롭게 친환경적으로 변한 고질라 씨는 유기농을 돕고자 한다. 유기농은 에너지를 많이 사용하거나 CO_2를 많이 뿜어 내거나 자연을 해치는 살충제를 사용하지 않는 농업 방식이다. 대신 전통적인 농사 방식을 사용하여 해충과 잡초를 없애고, 자연에 피해가 가지 않게 한다. 그래서 고질라 가족은 유기농 식품을 자주 먹으려고 노력하지만, 고기는 적게 먹으려고 한다. 고기를 생산하기 위해 동물을 기르는 것은 식물을 기르는 것보다 더 많은 에너지가 든다. 트림과 방귀로 메탄을 뿜어 내는 부작용은 생각하지 않더라도!

8. 몸에 좋은 음식을 먹고 더 많이 걷는 생활 방식 덕분에 뺀질이와 얌통이는 몸이 더 날씬해졌고 에너지도 넘친다. 고질라 가족은 이제 평생 동안 건강하게 살아갈 수 있을 것이다.

건강에 나쁜 뚱뚱한 몸   건강에 좋은 날씬한 몸

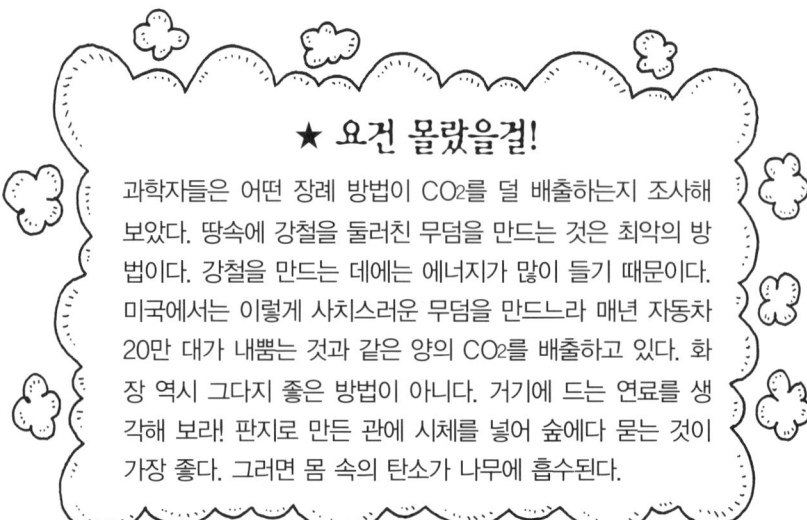

★ 요건 몰랐을걸!

과학자들은 어떤 장례 방법이 CO_2를 덜 배출하는지 조사해 보았다. 땅속에 강철을 둘러친 무덤을 만드는 것은 최악의 방법이다. 강철을 만드는 데에는 에너지가 많이 들기 때문이다. 미국에서는 이렇게 사치스러운 무덤을 만드느라 매년 자동차 20만 대가 내뿜는 것과 같은 양의 CO_2를 배출하고 있다. 화장 역시 그다지 좋은 방법이 아니다. 거기에 드는 연료를 생각해 보라! 판지로 만든 관에 시체를 넣어 숲에다 묻는 것이 가장 좋다. 그러면 몸 속의 탄소가 나무에 흡수된다.

에너지가 덜 드는 장례식을 치르는 것은 지금 당장 여러분의 첫 번째 소원은 아닐 것이다. 그렇지만 돈을 버는 것은 높은 순위를 차지하겠지? 고질라 가족이 친환경 생활 방식을 채택함으로써 얼마나 많은 돈을 절약하는지 보았지? 여러분도 노력하기만 하면 돈을 벌 수 있다. 에너지를 덜 쓰는 것이 곧 돈을 버는 길이다. 특별히 여러분을 위해 공짜로 용돈을 두둑히 벌 수 있는 비결을 알려 주겠다.

직접 해 보는 실험: 에너지를 절약해 돈을 버는 방법
준비물:
- 전기 요금 청구서나 가스 요금 청구서
- 여러분의 말을 잘 듣는 부모님
- 천진해 보이는 미소
- 계산기

실험 방법:

1. 부모님이 청구서를 볼 때까지 기다린다. 잠시 뒤, 구시렁거리는 소리가 들릴 것이다. 요금이 아주 많이 나왔다면 아마 부모님의 얼굴이 붉으락푸르락하면서 괴로운 신음 소리를 낼 것이다. 기회를 엿보다가 적절한 시기에 부모님에게 도저히 뿌리칠 수 없는 제안을 하라.

이 계약은 부모님에게는 손해가 전혀 없고, 오히려 전기나 가스 요금이 절약되니 이익이라는 점을 적극 강조하라. 그래도 부모님이 의심을 거두지 않으면, 슬픈 표정을 지으면서 이렇게 말하라.

어때? 부모님이 계약에 동의했는가? 훌륭하다!

2. 이제 집 안 곳곳을 돌아다니면서 모든 전기 제품의 전원 스위치를 꺼라. 그러니까 텔레비전, 컴퓨터, CD 플레이어, 게임기, 세탁기 등의 전원을 모두 끈다. 단, 냉장고 전원은 끄지 말 것. 그랬다간 엄마한테 잔소리를 엄청 들을 것이다. 자, 이제 희소식이 있다. 이것만으로도 전기 요금을 7%나 절약했다. 그러니 3.5%가 여러분의 몫으로 떨어지는 셈. 그리고 이것은 시작에 불과하다.

3. 자동 온도 조절 장치의 설정 온도를 1°C만 낮추면 난방비를 10% 절약할 수 있다. 외출할 때에는 그 온도를 12°C로 낮

추면 더 절약할 수 있다. 이번에는 보일러의 물 온도를 50°C를 넘지 않도록 설정한다. 이것은 어른이나 전문가의 도움이 필요하다. 잘못 만져 보일러가 터지기라도 하는 날에는 용돈을 벌려는 계획도 함께 산산조각 나고 만다!

아이고, 죄송해요, 아빠. 그렇지만 이왕 이렇게 된 김에 효율이 좋은 보일러로 바꾸죠 뭐.

4. 미국의 평균적인 가정에는 전구가 약 23개 있다. 부모님을 설득해 그것들을 모두 절전형 전구로 교체한다. 그것은 어디까지나 부모님의 돈을 절약해 주기 위한 투자라고 설득하라.

5. 집 안에서 누구나 지켜야 할 규칙을 만든다.

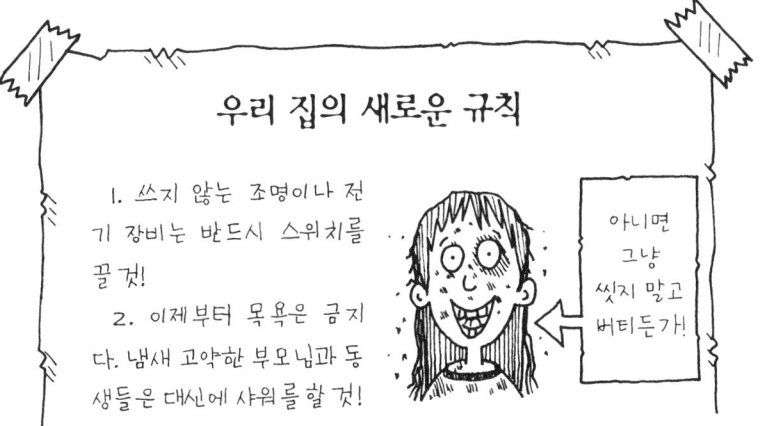

우리 집의 새로운 규칙

1. 쓰지 않는 조명이나 전기 장비는 반드시 스위치를 끌 것!
2. 이제부터 목욕은 금지다. 냄새 고약한 부모님과 동생들은 대신에 샤워를 할 것!

아니면 그냥 씻지 말고 버티든가!

3. 이제부터 빨래를 절반만 채운 채 세탁기를 돌리는 것을 금지한다.
4. 식품을 데울 때에는 전자레인지를 사용하라.
5. 난방 중일 때에는 창문을 열어 놓지 말 것!
6. 이 규칙 중 하나라도 어기는 자에게는 팬티 속에 따끔거리는 가루를 집어넣는 고통을 당할 것이다.

전깃불과 아무도 보지 않는 TV 스위치를 끄느라 집 안을 자주 돌아다녀야 하는 번거로움은 있지만, 그것은 충분히 그럴 만한 가치가 있다. 그러면 전기 요금과 가스 요금을 많이 절약할 수 있고, 그만큼 여러분의 용돈이 늘어난다! 지구를 구하는 동시에 돈도 벌고, 이거야말로 도랑 치고 가재 잡는 격이 아니겠는가! 게다가 이것은 에너지를 덜 쓰는 생활 방식을 향해 나아가는 첫걸음이다.

그런데 이것만으로 충분할까?

사람들은 지구를 먹어치우는 기계를 만들었다. 우리는 과연 그 기계를 제대로 통제할 수 있을까? 아니면 이미 때가 늦은 것일까? 오, 이런! 이게 왜 이제야 생각난 거지? 분명 노가리 박사가 10분 뒤에 독성 폐기물로 전 세계를 유독한 물에 잠기게 할 것이라고 말하지 않았던가? 가만 있자, 그게 9분 30초 전이니까……

아아, 우리는 이대로 파멸을 맞이하고 말 것인가?

지구는 멸망할 것인가?

노가리 박사의 세계 정복 계획

노가리 박사는 전형적인 미치광이 과학자의 모습을 보여 주었다. 우리가 지구를 그의 손에 넘겨 주지 않자, 그는 화를 내며 우주선을 타고 날아가 버렸다. 음, 이제 이야기를 마무리지어야 할 때가 되었군.

시간을 거슬러 2억 5100만 년 전의 세계로 가 보자. 그때는 세상이 아주 조용했다. 바다는 거대한 어류가 지배했고, 육지는 땅딸막한 파충류가 지배했다. 공룡이나 사람은 아직 나타나지 않았다. 그러다가 어느 날, 시베리아에서 땅이 갈라지면서 많은 화산들이 엄청난 양의 CO_2를 내뿜었다. 섬뜩한 온실 기체는 지구를 따뜻하게 만들어 평균 기온이 $6°C$나 치솟아 오늘날보다도 훨씬 더웠다. 이 때문에 많은 식물이 죽어 갔고, 육지에 살던 동물들도 많이 굶어 죽어 갔다.

바다가 따뜻해지자 물에 녹은 산소를 순환시켜 주던 해류가 멈추었다. 그러자 바다 동물들이 숨을 쉬지 못해 죽어 갔다. 바다 생물 중 90%와 육지 생물 중 3분의 2가 멸종했고, 끈적끈적한 미생물이 폐허로 변한 세계를 지배했다. 지구는 거의 멸망한 것처럼 보였다. 그러나 완전히 멸망한 것은 아니었다. 일부 동물은 살아남았다. 약 100만 년이 지나자, 기온은 다시 내려갔고, 새로운 생물들이 나타나기 시작했다.

오늘날 우리가 맞닥뜨리고 있는 문제는 과거에 일어난 이 사건과 비교하면 개구쟁이들의 소풍에 지나지 않는 것처럼 보인다. 그렇지만 과거에 일어난 이 사건은 우리에게 교훈을 준다. 우리 역시 지구의 평균 기온이 $6°C$까지 상승하는 위험한 상황을 향해 나아가고 있기 때문이다. 이것은 피할 수 없는 것일까?

이번에는 우리에게 큰 도움을 줄 수 있는 게 있다. 그것은 바로 우리의 뇌이다. 우리는 거대한 어류나 땅딸막한 파충류보다 훨씬 똑똑하다.

물론 애초에 지구를 먹어치우는 기계를 만들어 내 이 모든 문제가 생겨난 것도 바로 우리의 뇌 때문이었다. 그렇지만 우리의 뇌는 문제가 잘못될 때에도 그것을 알아채고 문제를 바로잡으려고 한다. 그리고 우리에게는 문제를 해결할 방법을 찾아낼 수 있는 지혜가 있다. 희망 사항에 불과한 것인지는 몰라도…….

뜨끈뜨끈 지구 온난화

퀴즈

자, 다음 퀴즈를 풀면서 이제 여러분이 지구 온난화에 관한 전문가가 되었는지 알아보자!

연료에 관한 퀴즈

우리가 연료를 탐욕스럽게 많이 사용하는 바람에 지구가 위기에 처하게 되었다. 전깃불을 켜거나 달걀을 삶거나 자동차를 몰 때마다 우리는 보충되지 않는 화석 연료를 소비한다. 자, 다음 퀴즈를 통해 연료에 관한 사실들을 알아보자.

1. 화석 연료는 무엇이 변해 만들어졌을까?
a) 선사 시대에 살던 동식물
b) 천연 당밀
c) 동물 똥과 퇴비

2. 다음 화석 연료 중에서 앞으로 50년 안에 바닥날 위험이 큰 것은?
a) 석탄
b) 천연가스
c) 석유

3. 부모님이 여러분을 자동차로 학교에 데려다 줄 때마다 자동차가 공기 중으로 내뿜는 끔찍한 온실 기체는 무엇인가?
a) 메탄   b) 고약한 입냄새   c) 이산화탄소

4. 석탄을 태우면 우리가 매일 사용하는 에너지가 나온다. 석탄을 태워 전기를 만들 때, 석탄에서 발생하는 전체 에너지 중 실제로 전기를 만드는 데 쓰이는 것은 몇 %나 될까?
 a) 전부 다
 b) 30%
 c) 5% 미만

5. 브라질의 농부들이 바이오 연료인 에탄올을 만들기 위해 재배하는 것은 무엇인가?
 a) 사탕수수
 b) 솜사탕
 c) 바나나

6. 원자력을 에너지원으로 사용하는 것에 대해 많은 과학자가 반대하는 이유는 무엇일까?
 a) 그 에너지를 제대로 이용하는 방법을 아직 개발하지 못했기 때문에.
 b) 방사성 폐기물을 안전하게 처리하는 방법을 아직 개발하지 못했기 때문에.
 c) 거기서 발생하는 엄청난 열이 지구를 녹여 버릴까 봐.

7. 땅속에서 뽑아 낸 뒤, 아직 정제 과정을 거치지 않은 석유를 뭐라고 부를까?
 a) 원유
 b) 휘발유

c) 두유

8. 세계에서 가장 많이 사용되는 재생 에너지는 무엇인가?
a) 원자력
b) 태양 에너지
c) 풍력

답: 1.a) 2.c) 3.c) 4.b) 5.a) 6.b) 7.a) 8.c)

재생 에너지에 관한 퀴즈

여러분은 지구를 구하는 최선의 방법은 노가리 박사를 붙잡아 그의 사악한 계획을 막는 게 아닐까 생각할지도 모르겠다. 그렇지만 과학자들은 다른 방법을 여러 가지 생각하고 있다. 대부분의 과학자는 재생 에너지가 하나의 해결책이 될 수 있다고 본다.

뭐든지 좋으니, 어서 대책을 좀 세우라고!

아래 설명들은 재생 에너지에 관한 것인데, 각각 무엇을 가리키는지 보기에서 찾아 짝지어 보라.

1. 바람이 많이 부는 이 장소에서는 바람을 에너지로 바꾼다.
2. 폭발적인 이 에너지는 미래의 주요 에너지로 쓰일지도 모

른다.

3. 햇빛을 모아 전기를 만드는 장치.
4. 식물로 만든 연료?
5. 거대한 벽으로 물을 막아 에너지를 얻는 방법.
6. 땅 속 깊은 곳의 에너지를 뽑아 쓰는 방법.
7. 달의 마술이 빚어 내는 물의 힘을 이용하는 방법.
8. 바다 표면의 움직임을 이용해 에너지를 얻는 방법.

보기 :

a) 지열

b) 풍력 발전 단지

c) 수력 발전 댐

d) 파력

e) 조력

f) 태양 전지판

g) 원자력

h) 바이오 연료

답 : 1.b) 2.g) 3.f) 4.h) 5.c) 6.a) 7.e) 8.d)

지구를 구하기 위한 놀라운 발명품

사람들은 지구 온난화를 막기 위해 온갖 종류의 기발한 아이디어를 생각해 냈다. 자, 다음 중에서 정말로 효과가 있는 아이디어는 어떤 것이고, 아무짝에도 쓸모없는 아이디어는 어떤 것일까?

1. 스웨덴의 한 발명가는 에너지 사용을 감시하는 '꽃' 램프를 만들려고 시도했다. 여러분이 에너지를 효율적으로 쓸 때에는 금속 꽃잎들이 활짝 열리면서 칭찬을 해 준다. 정말 천재적인 발상이 아닌가!

2. 20세기 후반에 미국 과학자들은 순전히 소 방귀에서 모은 메탄으로 달리는 자동차를 발명했다.

3. 19세기 이래 과학자들은 햇빛 에너지를 직접 전기로 만드는 특별한 장치에 대한 연구를 계속해 오고 있다.

4. 스위스의 한 정신나간 발명가는 거대한 유리 돔을 설계했다. 이 유리 돔으로 도시를 씌우면, 해로운 온실 기체가 대기 중으로 빠져 나가는 것을 막을 수 있다고 한다.

5. 일부 나라에서는 쓰레기 매립지에서 쓰레기가 썩을 때 발생하는 가스를 모아 전기를 생산하는 데 쓰고 있다.

6. '살아 있는 지붕'은 최근에 나온 친환경 건물 설계 방식이다. 지붕을 이끼로 덮으면(그리고 거기다 꽃까지 자라게 하면), 단열 효과가 뛰어날 뿐만 아니라 빗물에 섞인 오염 물질을 거르는 효과도 있다.

7. 독일의 한 천재 집단은 환경을 오염시키지 않고 돌아다닐 수 있는 방법을 개발했다. 그것은 탄력이 좋은 죽마를 사용하

는 방법으로, 힘들이지 않고 걸음걸이를 크게 떼어 효율적으로 이동할 수 있다.

8. 일부 항공기 제조 회사들은 바람과 기류만 이용해 먼 거리를 여행할 수 있는 비행기를 만드는 데 착수했다.

답:
1. 사실. 상상력이 뛰어난 발명가는 각 가정에서 에너지 사용에 대한 인식을 높이고자 이것을 만들었다.
2. 거짓. 친환경 자동차에 대한 아이디어는 많이 나왔지만, 소방귀에서 에너지를 얻는다는 아이디어는 없었다!
3. 사실. 그리고 이것은 성공을 거두었다. 오늘날 태양 전지는 온갖 전기 제품에 사용되고 있다. 심지어 수백 가구에 전기를 공급하는 태양광 발전소도 있다.
4. 거짓. 그런 것을 만든다면, 온실 안에 갇힌 사람들은 푹푹 쪄서 살 수가 없을 것이다. 그나저나 그렇게 거대한 유리 돔은 또 어떻게 만들겠는가?
5. 사실. 쓰레기 매립지에서 나오는 메탄을 모아 연료로 사용할 수 있다.
6. 사실. 건물 지붕에 정원을 만들면 환경을 보호하는 데 여러모로 도움이 된다.
7. 사실. 독일에서는 이것이 크게 유행하고 있다. 환경뿐만 아니라 건강에도 아주 좋다.
8. 거짓. 이 방법은 비행기 엔진이 연료를 덜 사용하게 하는 데 도움이 될지는 모른다. 그렇지만 순전히 바람의 힘만으로는 멀리 날아갈 수 없다.

요상한 날씨에 관한 퀴즈

무분별한 인간 활동과 지구 온난화 때문에 일어나는 온갖 기상 이변을 기억하고 있는지? 자, 아래의 날씨 현상들과 그 원인을 짝지어 보라.

원인:

1. 지구 온난화 때문에 과열된 공기가 흙과 식물의 수분을 모두 빨아들여 땅을 바싹 마르게 한다. 오랫동안 비가 내리지 않는 상태가 계속되는 것을 ___(이)라고 한다.

2. 지구 온난화가 초래하는 효과 중 하나는 바다의 수온이 높아지는 것이다. 과학자들은 이 때문에 _____의 위력이 강해진다고 말한다.

3. 사람들이 집과 농경지를 짓기 위해 나무를 베어 내고 습지를 메우는 바람에 자연이 물을 흡수하는 능력이 떨어져 _____이(가) 쉽게 발생할 수 있다.

4. 지구 온난화 때문에 _____라는 기묘한 현상이 점점 심해지고 있으며, 이것은 세계 각지에 기상 이변을 일으킬 수 있다.

5. 지구 온난화가 심해질수록 뜨거운 공기는 더욱 뜨거워져 평소보다 기온이 훨씬 높은 상태가 오랫동안 계속될 수 있는데, 이것을 _____라고 한다.

6. 나무를 베어 내고, 가축을 많이 방목해 풀과 식물을 마구 뜯어먹게 하고, 농사를 지으려고 땅을 많이 개간하는 것은 모두 지구를 건조하게 만들어 _____를 일으키는 원인이 된다.

7. 그린란드와 남극 대륙에서는 지구 온난화로 인한 _____ 때문에 큰 침수나 홍수 피해가 발생할 수 있다.

8. 폭풍의 눈 아래쪽에서는 바닷물이 소용돌이치며 불룩 솟아올라 해변을 향해 밀려 간다. 이 무시무시한 파도를 _____이라고 부른다.

보기:
a) 허리케인

b) 열파
c) 사막화
d) 엘니뇨
e) 해빙(얼음이 녹음)
f) 폭풍 해일
g) 가뭄
h) 홍수

답: 1.g) 2.a) 3.h) 4.d) 5.b) 6.c) 7.e) 8.f)

염에 관한 퀴즈

매년 생각 없는 사람들이 엄청난 양의 쓰레기를 버리고, 독성 폐기물을 하천과 바다에 흘려 보내고, 자동차와 공장에서 유독 화학 물질을 공기 중으로 내뿜는다. 이러한 오염들이 초래하는 결과가 어떤 것인지 알아맞혀 보라.

1. 석탄 연기가 공기 중의 수증기와 섞일 때 발생하는 결과는? (도움말: 하늘에서 위험한 물질이 쏟아지는 것)

2. 물을 오염시키고, 결국에는 여러분의 뇌를 손상시켜 미치게 만드는 화학 물질은? (도움말: 아마 맨정신이라면 여러분은 이 끔찍한 금속 물질을 절대로 삼키지 않을 것이다.)

3. 바다 동물들은 바다에 떠다니는 비닐봉지를 먹이로 착각하고 삼키기도 한다. 바다 동물들은 비닐봉지를 뭘로 착각할까? (도움말: 사람들은 이걸 냉채로 만들어 먹기도 한다.)

4. 농부들이 농사를 지을 때 뿌리지만, 땅을 오염시키고, 동물을 죽게 만들고, 수질을 오염시키는 이것은 무엇일까? (도움말: 해충을 죽이려고 만든 농약)

5. 지구를 보호해 주는 지구 대기의 한 층으로, CFC라는 화학 물질에 파괴되고 있는 층의 이름은? (도움말: 여기에 구멍이 뚫렸다고 크게 뉴스가 된 적이 있었다.)

6. 석유로 만드는 물질로, 종류가 50가지 이상이 있으며, 재활용이 거의 불가능한 것은? (도움말: 폴리스티렌에서부터 PVC 파이프에 이르기까지 이 모든 것을 통틀어 이르는 말)

7. 수십만 년이 지나도 독성이 없어지지 않는 치명적인 폐기물은? (도움말: 방사능이 나온다.)

8. 수송관이나 배에서 새어나와 땅과 물을 오염시키고, 야생

동물들을 죽이는 끈적끈적한 물질은 무엇인가? (도움말: 가끔 배가 좌초하거나 침몰하여 바다를 새카맣게 덮는 사고가 발생한다.)

답:
1. 산성비
2. 수은
3. 헬페리
4. 장동차
5. 오존층
6. 플라스틱
7. 당시상 페기물(혹은 핵 페기물)
8. 석유

앗, 시리즈 (전 70권)

앗, 이렇게 재미있는 수학이!

어렵고 지루했던 수학이 순식간에 쉽고 즐거워집니다. 수학의 기초 원리에서부터 응용까지, 다양한 정보와 교양을 골라서 일목요연하게 정리해 줍니다.

01 수학이 모두 모여 수군수군
02 수학이 수리수리 마술이
03 수학이 수군수군
04 수학이 또 수군수군
05 수학이 자꾸 수군수군 1. 셈
06 수학이 자꾸 수군수군 2. 분수
07 수학이 자꾸 수군수군 3. 확률
08 수학이 자꾸 수군수군 4. 측정
09 대수와 방정맞은 방정식
10 도형이 도리도리
11 섬뜩섬뜩 삼각법
12 이상야릇 수의 세계
13 수학 공식이 꼬물꼬물
14 수학이 꿈틀꿈틀

앗, 시리즈 (전 70권)

앗, 이렇게 재미있는 과학이!

어렵고 지루했던 과학이 순식간에 쉽고 즐거워집니다. 복잡한 현대 과학의 기초 원리에서부터 응용까지 다루고 있으며, 다양한 정보와 교양을 골라서 일목요연하게 정리해 줍니다.

- 15 물리가 물렁물렁
- 16 화학이 화끈화끈
- 17 우주가 우왕좌왕
- 18 구석구석 인체 탐험
- 19 식물이 시끌시끌
- 20 벌레가 벌렁벌렁
- 21 동물이 뒹굴뒹굴
- 22 화산이 왈칵왈칵
- 23 소리가 슥삭슥삭
- 24 진화가 진짜진짜
- 25 꼬르륵 뱃속여행
- 26 두뇌가 뒤죽박죽
- 27 번들번들 빛나리
- 28 전기가 찌릿찌릿
- 29 과학자는 괴로워?
- 30 공룡이 용용 죽겠지
- 31 질병이 지끈지끈
- 32 지진이 우르쾅쾅
- 33 오싹오싹 무서운 독
- 34 에너지가 불끈불끈
- 35 태양계가 티격태격
- 36 튼튼탄탄 내 몸 관리
- 37 똑딱똑딱 시간 여행
- 38 미생물이 미끌미끌
- 39 의학이 으악으악
- 40 노발대발 야생동물
- 41 뜨끈뜨끈 지구 온난화
- 42 생각번뜩 아인슈타인
- 43 과학 천재 아이작 뉴턴
- 44 소름 돋는 과학 퀴즈

앗, 시리즈 (전 70권)

앗, 이렇게 재미있는 사회·역사가!

어렵고 지루했던 사회·역사가 순식간에 쉽고 즐거워집니다. 사회·역사와 담을 쌓았던 친구들에게 생생한 학습 의욕을 불어넣어 줄, 꼭 필요한 정보와 교양만을 골라서 일목요연하게 정리해 줍니다.

- 45 바다가 바글바글
- 46 강물이 꾸물꾸물
- 47 폭풍이 푸하푸하
- 48 사막이 바싹바싹
- 49 높은 산이 아찔아찔
- 50 호수가 넘실넘실
- 51 오들오들 남극북극
- 52 우글우글 열대우림
- 53 올록볼록 올림픽
- 54 와글와글 월드컵
- 55 파고 파헤치는 고고학
- 56 이왕이면 이집트
- 57 그럴싸한 그리스
- 58 모든 길은 로마로
- 59 아슬아슬 아스텍
- 60 잉카가 이크이크
- 61 들썩들썩 석기 시대
- 62 어두컴컴 중세 시대
- 63 쿵쿵쾅쾅 제1차 세계 대전
- 64 쾅쾅탕탕 제2차 세계 대전
- 65 야심만만 알렉산더
- 66 위풍당당 엘리자베스 1세
- 67 위엄가득 빅토리아 여왕
- 68 비밀의 왕 투탕카멘
- 69 최강 여왕 클레오파트라
- 70 만능 천재 레오나르도 다 빈치

전 세계 2천만 독자가 함께 읽는
<앗, 시리즈>

나 클레오파트라의
영원한 친구!

전 세계 2천만 독자가 함께 읽는
<앗, 시리즈>